Wilfried Setzler
Hesse in Tübingen

W0179178

Der 21-jährige Hermann Hesse in seiner Tübinger Zeit.
Das Foto wurde im Mai 1899 aufgenommen.

Wilfried Setzler

Hesse in Tübingen

Silberburg·Verlag

Die Deutsche Bibliothek – CIP-Einheitsaufnahme

Ein Titeldatensatz für diese Publikation
ist bei Der Deutschen Bibliothek erhältlich.

1   2   3   4   5   06   05   04   03   02

© Copyright 2002 by Silberburg-Verlag Titus Häussermann GmbH,
Schönbuchstraße 48, D-72074 Tübingen.
Alle Rechte vorbehalten.
Umschlaggestaltung: Frank Butzer, Tübingen.
Druck: Gulde-Druck GmbH, Tübingen.
Printed in Germany.

ISBN 3-87407-509-5

Besuchen Sie uns im Internet und entdecken Sie
die Vielfalt unseres Verlagsprogramms:
www.silberburg.de

Inhalt

Hermann Hesse:
Biographische Notizen

Die Großeltern waren alle vier im eigentlichen Sinne fromme, »erweckte« protestantische Christen, die Färbung ihrer Frömmigkeit war beeinflusst durch die Herrnhuter Brüdergemeinde und durch die Basler Mission. An Nationalität dagegen waren sie sehr verschieden. Die Eltern meines Vaters waren Balten rein deutscher Herkunft. Dort kam mein Vater Johannes zur Welt, in Weißenstein bei Reval. Mein Vater verließ seine Heimat als Student, infolge einer plötzlichen Bekehrung und Zerknirschung, die ihn trieb, als Zögling ins Missionshaus nach Basel zu gehen, war Missionar in Indien.

Die Familie meiner Mutter war von zweierlei Herkunft. Ihr Vater stammte aus einem alten, frommen Stuttgarter, schwäbischen Geschlecht, ihre Mutter, Dubois, aus Neuchâtel in der französischen Schweiz brachte in die Familie die calvinistische Glut. Der Vater meiner Mutter, ein berühmter Missionar, Dr. Gundert, ein großer Sprachkenner, war in der Jugend als Student bekehrt worden. Er war sehr viele Jahre in Indien Missionar, wo auch meine Mutter zur Welt kam.

Meine Eltern lernten sich in Calw kennen, wo der Vater meiner Mutter den Verlagsverein leitete, mehrere Missionsblätter redigierte und zum Gehilfen meinen aus Indien zurückkommenden Vater zugewiesen bekam. Sie heirateten 1874 in Calw (Württemberg), wo ich am

2. Juli 1877 geboren bin. Ich war das Kind frommer Eltern, welche ich zärtlich liebte und noch zärtlicher geliebt hätte, wenn man mich nicht schon frühzeitig mit dem vierten Gebote bekannt gemacht hätte. Gebote aber haben leider stets eine fatale Wirkung auf mich gehabt. Als ich dreizehn Jahre alt war, ließ mein Verhalten sowohl im Elternhaus wie in der Schule so viel zu wünschen übrig, daß man mich in die Lateinschule einer andern Stadt schickte. Kurz, mehr als vier Jahre lang ging alles unweigerlich schief, was man mit mir unternehmen wollte, keine Schule wollte mich behalten, in keiner Lehre hielt ich lange aus. Jeder Versuch, einen brauchbaren Menschen aus mir zu machen, endete mit Mißerfolg, mehrmals mit Schande und Skandal, mit Flucht oder mit Ausweisung.

Dann, im Herbst 1895, faßte ich den Entschluß, es nochmals mit dem Buchhandel zu probieren, aber womöglich nicht in einem uninteressanten Geschäft in irgendeiner Landstadt, sondern irgendwo, wo mein Interesse für Bücher und Literatur wirklich Nahrung finden könne, und mein Vater war einverstanden, er sah, daß es mir diesmal ernst war, und es gelang, mich als Lehrling in einer alten soliden Buchhandlung in Tübingen unterzubringen.

Hermann Hesse, aus: »Biographische Notizen«, 1923,
und »Kurzgefaßter Lebenslauf«, 1925 (gekürzt)

Tübingen
am Ende des 19. Jahrhunderts

Wer gegen Ende des 19. Jahrhunderts Tübingen besuchte, kam in eine Stadt des Um- und Aufbruchs. Deutlich waren die Zeichen der Veränderung zu erkennen. Seit einigen Jahren war eine Bebauung vor den alten Stadtmauern in Gang gekommen, lagerten, sich allmählich ausbreitend, erste Straßen und Häuser vor der Altstadt mit ihrem mittelalterlichen Ambiente.

Nachhaltig angestoßen und geprägt wurde diese Entwicklung von der Universität. Um die 1845 eingeweihte Neue Aula, dem neuen repräsentativen Zentrum der Hochschule, war gar vor dem Lustnauer Tor im Ammertal, entlang der nach dem württembergischen König benannten Wilhelmstraße, eine eigene kleine Vorstadt mit stattlichen Wohnhäusern und einem neuen Universitätsquartier entstanden. Neubaugebiete befanden sich am Berghang der Neckarhalde in Richtung Hirschau, vor dem Neckartor am Hang des Österbergs und im Westen der Stadt in Richtung Herrenberg.

Die Errichtung des Bahnhofs 1861, die kurz darauf erfolgte Korrektur der Steinlach und der Bau der Thiepvalkaserne 1875 – Tübingen war Garnisonsstadt geworden – ließen hier eine weitere Vorstadt entstehen, deren Ausbau eine direkte Verbindung an das neue Universitätsviertel im Ammertal und das dortige Wohngebiet erforderte. So wurde 1885/87 die Mühlstraße entlang der

Altstadtmauern in den Österberg hinein gebrochen und eine direkte Verbindung zwischen Bahnhofsviertel, Neckarbrücke und Wilhelmsvorstadt geschaffen.

Rings um die Altstadt herum also wurde gebaut, die Stadt erweitert. Selbst das Uhland-Denkmal, dem »größten Sohn« der Stadt, »dem Dichter, dem Forscher, dem deutschen Manne« »vom dankbaren Vaterland 1873« gestiftet, fand seinen Platz außerhalb der Altstadt, jenseits des Neckars, alle Besucher, die vom Bahnhof auf die Stadt zugingen oder heute noch gehen, begrüßend. Und weithin sichtbar, alles, selbst die Stiftskirche überragend, kündete der gerade 1891 errichtete Kaiser-Wilhelm-Turm auf dem Österberg – »eine Zierde in Schwaben« – von der neuen Zeit.

Nicht nur die Zahl der Gebäude, auch die Bevölkerung war in den letzten Jahren enorm angewachsen. Hatte man nach der Reichsgründung 1871 rund 10 000 Tübinger gezählt, so waren es nun knapp 25 Jahre später schon weit über ein Drittel mehr, genau 13 989 Einwohner. Hand in Hand mit dieser stürmischen Entwicklung vollzog sich auch ein auffälliger Strukturwandel. Nur noch 43 Prozent der Stadtbürger waren alteingesessene, geborene Tübinger, die Mehrheit, 57 Prozent, kam von auswärts, ist – wie man das damals nannte – zugewandert. Auch hinsichtlich der konfessionellen Gliederung hat es bemerkenswerte Verschiebungen gegeben. Zu Beginn des Jahrhunderts war die Stadt noch rein evangelisch, nun beherbergte sie etwa 2 500 Katholiken, was etwa 17 Prozent der Bevölkerung ausmachte, und 106 Juden, die 1882 in der Gartenstraße eine Synagoge erbaut hatten. Kräftig zugenommen hatten auch die Studentenzahlen. Sie waren von rund 800 im Jahr 1870 auf 1 241 im Sommersemester 1895 gestiegen. In den folgenden Semestern sank die Zahl zwar wieder unter 1 200, stieg kurz darauf aber rasch an und erreichte im Sommersemester 1899 mit 1 525 Studenten einen neuen Höchststand.

Die Stadt Tübingen war zweifelsohne in jenen Jahrzehnten in vielerlei Weise interessanter und attraktiver geworden. Nicht zu unterschätzen ist etwa die Anziehungskraft, die von dem im 19. Jahrhundert entstandenen Image Tübingens als Stadt der Dichter und Denker, als Hort der schwäbischen Romantik, ausging. Auch wenn bei vielen gegen Ende des Jahrhunderts Friedrich Hölderlin (1770–1843) weitgehend vergessen war, Hermann Kurz (1813–1873) die verdiente Anerkennung noch immer versagt geblieben war, so strahlte doch umso heller der Glanz von Ludwig Uhland (1787–1862), dessen Gedichte durch die Vertonungen von Friedrich Silcher (1789–1860) zum festen Liedrepertoire aller deutschen Chöre geworden waren. Weit über die Grenzen der Stadt, ja Württembergs hinaus waren die »Sagen des klassischen Altertums« von Gustav Schwab (1792–1850) berühmt, wurden die Gedichte und das »Stuttgarter Hutzelmännlein« von Eduard Mörike (1804–1875) gelesen. Für Ottilie Wildermuth (1817–1877), deren »Bilder und Geschichten aus Schwaben« zu den Bestsellern ihrer Zeit zählten, war – »gewidmet von deutschen Frauen« – in der Tübinger Platanenallee gerade (1887) ein Denkmal errichtet worden. Und der historische Roman »Lichtenstein« von Wilhelm Hauff (1802–1828), dem »deutschen Walter Scott«, hatte gar eine solche Begeisterungswelle ausgelöst, dass nach ihm in »kühner Lage« auf der Schwäbischen Alb eine der »reizvollsten« romantischen Ritterburgen erbaut wurde, die damals als das größte »Denkmal der württembergischen Geschichte« galt und für viele heute noch das steingewordene Symbol des mittelalterlichen Rittertums schlechthin ist.

Vor allem aber waren die gestiegenen Einwohnerzahlen der Universität zu verdanken, die, aus der Provinzialität erwacht, seit dem Beginn des Jahrhunderts sich in einem Reformprozess von nie gekanntem Ausmaße wandelte. In wenigen Jahrzehnten entwickelte sie sich von der mittelalterlichen alma mater hin zur modernen, zeitgemäßen Hochschule, die, zu neuer Größe aufgeblüht, Anschluss an die internationale Gelehrtenwelt fand, ja bald wieder zu den führenden in Europa zählte. 1817 hatte sie zur bestehenden Evangelisch-theologischen Fakultät eine Katholische hinzu bekommen, im selben Jahr wurde eine Staatswissenschaftliche Fakultät – die erste in Deutschland – eröffnet. Neue Impulse gingen von der 1863 begründeten Naturwissenschaftlichen Fakultät aus, auch sie die erste in Deutschland. Eine ganze Reihe von Spezialfächern nahmen von Tübingen her ihren Ausgang. 1885/88 wurde das Physiologisch-Chemische Institut als Erstes seiner Art in Deutschland gebaut. Auch in den Geisteswissenschaften brachte die Spezialisierung neue Fächer, neue Institute. Nach dem Seminar für neuere Sprachen und dem Historischen Seminar wurden 1895 das Kunsthistorische und 1898 das Geographische Institut etabliert.

Am gewichtigsten aber waren die Veränderungen im Bereich der Medizin. Hatte zu Beginn des Jahrhunderts der Medizinprofessor Autenrieth in Tübingen eine »Clinische Anstalt« mit gerade mal sechs Betten angetroffen, so war gegen Ende des Jahrhunderts im Zusammenhang mit der Spezialisierung der medizinischen Fächer vor der Stadt ein ganzes neues Klinikenviertel entstanden, darunter jüngst die Frauenklinik (1890) und die Nervenklinik (1894).

Die Erneuerung der Universität, die Entstehung neuer Disziplinen, neuer Studiengänge, neuer Berufsziele hat der Stadt nicht nur neue Bauten, neue Institute, Kliniken und Seminare beschert, sondern ihr eben auch mehr Menschen zugeführt. Im Sommersemester zählte man an der Tübinger Hochschule erstmals 50 ordentliche Professoren – fünf evangelische und fünf katholische Theologen, sechs Juristen, neun Mediziner, zehn Philosophen, sieben Staatswissenschaftler und acht Naturwissenschaftler –, insgesamt an Beschäftigten, einschließlich Reit- und Fechtlehrer, 121 Personen.

Mit der Schaffung neuer Lehrstühle wurden Professoren aus dem ganzen deutschsprachigen Raum nach Tübingen berufen. Die erhöhte Attraktivität der Universität vermehrte zudem den Zuzug nichtwürttembergischer Studenten, deren Zahl merklich gestiegen war und 1895 bei etwa 40 Prozent lag.

Noch kurz davor hatte die Tübinger Hochschule vor allem als Landesuniversität in erster Linie zur Ausbildung des theologischen Nachwuchses in Württemberg gedient. Allein dem Evangelischen Stift hatte sie ihr Überleben in den Auseinandersetzungen mit Herzog Karl Eugen und dessen Gegenuniversität der Stuttgarter Hohen Karlsschule gegen Ende des 18. Jahrhunderts zu verdanken. Nun war in den letzten Jahren der Einfluss der Theologen und der Anteil der Theologie-Studenten an der Gesamtzahl aller Studierenden deutlich zurückgegangen. Stellten sie früher zwischen 80 und 90 Prozent der Studenten, so hatte sich ihr Anteil nun – obwohl zu den evangelischen seit 1817 katholische hinzugekommen waren – auf ein Drittel reduziert. Erklären lässt sich diese Relativierung auch dadurch, dass sich 1895 die Zahl der Studenten insgesamt seit den Siebzigerjahren eben nahezu verdoppelt hatte.

Dennoch war das Evangelische Stift als die zentrale Ausbildungsstätte aller württembergischen evangelischen Theologen immer noch eine der bedeutsamsten Einrichtungen der Universität, eine Besonderheit Tübingens und eine weit über die Stadt und das Land hinaus bekannte und wirkende Institution.

Im Zusammenhang mit einer Neuordnung des Kirchen- und Schulwesens, die durch die Einführung der Reformation 1534 in Württemberg notwendig geworden war, hatte Herzog Ulrich 1536 ein Stipendium, ein »Stift« zur Ausbildung evangelischer Geistlicher, errichtet und dies 1547 im ehemaligen, mit der Reformation aufgehobenen Augustinerkloster in Tübingen etabliert. Seine rechtliche und finanzielle Absicherung erfuhr es 1557 unter Herzog Christoph von Württemberg, der es an die Spitze eines größeren Ausbildungssystems stellte, das bis heute – wenn auch vielfach modifiziert – existiert. Die Basis bildeten die in den reformierten Klöstern eingerichteten Internate, die evangelischen Seminare (1895: Maulbronn, Blaubeuren, Schöntal und Urach, heute noch in Blaubeuren und Maulbronn), zu denen man über

das so genannte »Landexamen«, eine landesweite Auf-
nahmeprüfung, seine Zulassung erwerben konnte. Wer
dies geschafft hatte – von rund 120 Bewerbern im Durch-
schnitt wurden 35 bis 40 aufgenommen –, erhielt dort neben dem Unterricht auch Kost und Logis und alles, was
zum (spartanischen) Leben notwendig war, kostenlos
geboten. Nach dem Schulabschluss (Abitur) fand der
Absolvent Aufnahme im Tübinger Stift, das weiterhin
kostenlose Unterkunft und Verpflegung bot. Vorausset-
zung war allerdings das Studium der Evangelischen
Theologie an der Universität.

Zugute kommen sollte dieses System – bis ins
20. Jahrhundert Württembergs klassischer Bildungsweg
– den Kindern aller Bevölkerungsgruppen, doch diente
es vor allem der bürgerlichen Oberschicht, insbesondere
dem Pfarrerstand. Trotzdem war es für die soziale Mo-
bilität und zum Abbau sozialer Spannungen von nicht
unerheblicher Bedeutung, ermöglichte es doch begabten
Bauern- und Handwerkerkindern den Aufstieg in einen akademischen Beruf. Zudem sicherte es vielen Söh-
nen armer Beamten- und Pfarrerswitwen die Ausbildung.

Das Leben im Evangelischen Stift orientierte sich an
der klösterlichen Tradition und war streng reglementiert.
Disziplin wurde groß geschrieben. Der regelmäßige
Kirchgang, der Besuch von Andachten, Übungen und
Vorlesungen wurden streng überwacht. Eine Zensur des
Lesens und Schreibens war fast selbstverständlich.
Schwarze Einheitskleidung kennzeichnete die Stiftler bis
weit ins 19. Jahrhundert auch äußerlich. Kein Wunder,
dass es trotz eines ausgeklügelten Strafsystems »Rebel-

lionen« gab und in den Visitationsprotokollen immer wieder Klagen auftauchen, wie etwa: »Die Stipendiaten belegen die (Universitäts-)Vorlesungen nur, um aus dem Stift herauszukommen« und um »ihre besten Stunden mit Vagiren oder gar in Wirthshäussern oder andern verdächtigen Orthen unter vielfältig verübenden gröblichen Excessibus zuzubringen«. Vor allem ab der Mitte des 18. Jahrhunderts macht sich unter den Stiftlern immer mehr Unmut über die geistige Enge und die harte Disziplin breit.

So gab es denn auch viele, die das Stift verließen, vorzeitig relegiert, weil nicht angepasst, wie Hermann Kurz (»Lieber tot sein, als Vikar«) und Georg Herwegh (»Alle Räder stehen still, wenn dein starker Arm es will«), oder – nach Beendigung des Studiums – ohne die theologische Laufbahn fortzusetzen: also eher mit einem Ketzerhut denn einem Pfarrersbarett. Das berühmte »Dreigestirn« Hegel, Hölderlin und Schelling, zeitweilig in der gleichen Stube wohnend und studierend, suchte sein Glück außerhalb Württembergs und fern der Theologie. Eduard Mörike versagte (sich) als Pfarrer und verschrieb sich der Schriftstellerei. Wilhelm Hauff trat das Pfarramt erst gar nicht an.

Doch auch wer Theologe wurde und blieb, ließ sich oft in kein Schema pressen. Da gab es die von ihrer Kirchenleitung argwöhnisch beäugten Pietisten wie Bengel, Oetinger, Hofacker, Blumhardt oder Pregizer. Da waren die »Aufklärer«, allen voran David Friedrich Strauß, dessen Werk »Das Leben Jesu« (1835) einen »Meilenstein in der Theologiegeschichte« setzte, der dafür aber das Stift verlassen und aus dem württembergischen Kirchendienst ausscheiden musste. Dazu zählen Friedrich Theodor Vischer, 1837 Professor für Ästhetik und Literaturgeschichte, 1848 Abgeordneter im Frankfurter Parlament, oder Ferdinand Christian Baur, der, seit 1826 Professor in Tübingen, zum Begründer der historisch-kritischen Schule wurde.

Im Wintersemester 1895/96 studierten am Evangelischen Stift 154 Studenten, darunter etwa 30 Neuzugänge: der gerade aus der Klosterschule Maulbronn abgegangene Jahrgang von Hesses einstigen Mitschülern. Hermann Hesses Großvater Hermann Gundert war 1831 nach dem Besuch des Maulbronner Seminars Stiftler geworden, und während Hesses Tübinger Lehrzeit studierten am Stift neben seinen einstigen Schulkameraden aus Maulbronn, Calw, Göppingen und Cannstatt auch seine beiden Vettern Hermann und Wilhelm Gundert.

Noch war das Studium reine Männersache. Zwar hat der Senat 1891 erstmals eine Studentin, Maria Gräfin von Linden, »außerordentlich« immatrikuliert, die 1895 gar zum Doktor der Naturwissenschaften promovieren durfte. Doch blieb dies noch eine ganze Zeit lang eine absolute Ausnahme. Hermann Hesse hat es in seiner Tübinger Zeit nicht anders erlebt: Die Zulassung zum Studium generell wurde den Frauen in Württemberg erst 1904 gewährt.

Der erhöhte Personalstand der Universität und die gestiegenen Studentenzahlen vermehrten nicht nur den Raumbedarf, beflügelten nicht nur die rege Bautätigkeit. Sie schufen auch vielfältige neue Verdienst- und Berufsmöglichkeiten für Souvenirhersteller und -händler, Kutscher und Fuhrleute, Schneider, Schuster, Einzelhändler,

Bierbrauer, Gastwirte, Buchhändler. Zudem beflügelten sie einen durchgreifenden Wandel der städtischen Infrastruktur. In der Stadt wehte buchstäblich ein neuer Wind.

Um 1895 waren alle Stadttore und die Stadtmauern weitgehend abgerissen: »Licht und frische Luft« strömten in Teile der Stadt, »die bisher von unheimlichen Schatten bedeckt gewesen waren«. Seit einigen Jahren waren die »engen, finsteren und höckerigten Gassen« und Straßen sogar beleuchtet. Niemand lief mehr wie früher Gefahr, in der Nacht gegen »Wägen und andere Sachen«, oft auch »gegen ledige Pferde« zu laufen: Das »brillante«, aber auch »kostspielige« Gaslicht – wie einige Stadträte mahnend anmerkten – hatte Einzug genommen.

Eine zentrale Wasserversorgung war 1877 in Angriff genommen worden und hatte inzwischen die vielen Brunnen als Wasserquellen abgelöst sowie als Treffpunkte und Kommunikationsorte ihrer Funktion beraubt. Für Geselligkeit und gesellschaftliches Leben sorgten nun vor allem die in diesem Jahrhundert gegründeten Kultur-, Sozial- und Sportvereine, etwa die Liederkränze, die »mit des Gesanges Macht der Stände lächerliche Schranken niederreißen« wollten, die Turngemeinde, die sich der Körperertüchtigung verschrieben hatte, oder die als literarischer Zirkel gegründete Museumsgesellschaft, ein Zusammenschluss der akademischen und städtischen Honoratioren.

Ein Verschönerungsverein gar bemühte sich seit einiger Zeit um die Anlage von Spazierwegen, die Errichtung von Aussichtspunkten und das Aufstellen von Ruhebänken. Als weitere Neuerung gab es seit 1891 den

Bürger- und Verkehrsverein, der gegründet worden war, »um Mißstände der Stadt zu besprechen« und »den Fremdenverkehr zu fördern«.

All diese Anstrengungen zeigten schließlich auch Erfolg, zumindest behauptet dies eine zeitgenössische Stadtbeschreibung: »Ja wahrlich, die Stadt Tübingen, die außer schönen Kunstbauten aus alter und neuerer Zeit auch noch durch herrliche Spazierwege und lauschige Ruheplätzchen in dem botanischen Garten und in den einzigartigen, domgewölbten Alleen dem Besucher die bequemste Gelegenheit zum Genuß reizvoller Naturschönheiten darbietet, sie kann sich mit allen anderen Musenstädten Deutschlands wohl messen.«

Allerdings war es in Tübingen bis zum Ende des 19. Jahrhunderts zu keiner nennenswerten Industrieansiedlung gekommen. Man benötigte diese ja eigentlich auch nicht, schließlich boomte die Universität. Zwar gab es – vor allem im Zusammenhang mit dem Bahnhofsbau – Pläne, die Wasserkraft des Neckars direkt vor der Neckarfront der Altstadt zur »Hebung des Gewerbes« auszunützen und die »wirtschaftlichen Zustände der Stadt durch Heranziehung von Fabriken zu bessern«. Die Widerstände der Universität jedoch waren größer. »Dem Musentempel, dem Sitz Athenes, darf nicht die Schmiede des Hephaistos beigesellt werden«, wurde argumentiert, was weniger vornehm ausgedrückt bedeutete: Wo geforscht, gelehrt und gelernt wird, darf es nicht rauchen, lärmen und stinken.

Tübingen war um 1895 also eine Universitätsstadt im Auf- und Umbruch, auf dem Weg in ein neues Zeitalter.

Dennoch, trotz aller Neuerungen, dem Abriss der Stadtmauern und der Schaffung von Neubaugebieten, blieb in Tübingen vieles aus der Vergangenheit erhalten. Die immer noch dominierende Altstadt behielt ihr mittelalterliches Aussehen. Auch bewahrte sich die Stadt ihre – noch heute von vielen bewunderte – »klassische Neckarfront« samt der davor liegenden Platanenallee. Dass diese so blieben, war einer Mischung von Zufall und Engagement zu verdanken. Beide, Neckarfront und die Tübinger Alleen, hatten ihre Gegner. Ihr Erhalt war nicht unumstritten. So sollten, nach Meinung derer, die sich selbst für fortschrittlich hielten, die Alleen verschwinden und so für die Ansiedlung von Gewerbe Platz machen. Dies verhinderten engagierte, auf Naturschutz bedachte Bürger, die immer wieder darauf hinwiesen, welch ein Schmuckstück die Stadt mit den Alleen besitze.

Das »kühne Profil« der »wunderlichen Stadt« in ihrer »entzückenden Lage«, wie es Isolde Kurz formulierte, blieb erhalten. Und so spiegelten sich zu Hesses Zeit, wie noch heute, die steile Giebelreihe der auf der alten Stadtmauer aufsitzenden Häuser, ja die Stadtsilhouette von der Neckarbrücke über die Stiftskirche, die Burse, das Evangelische Stift bis hinauf zum Schloss in den »sanften Wellen des still ziehenden Flusses«.

Deutlicher, viel klarer noch als heute, war zur Zeit Hesses allerdings der Unterschied zwischen Oberer und Unterer Stadt erkennbar. Zwei Namen, die nicht nur geographische, sondern auch soziale und gesellschaftliche Merkmale beschreiben. Noch heute kann, wer mit offenen Augen durch Tübingens Altstadt geht, manches von den alten Verhältnissen erkennen. Die Obere Stadt auf

In der Unteren Stadt, Am Kleinen Ämmerle

dem Höhenrücken zwischen Neckar- und Ammertal wird noch immer von hohen, fast herrschaftlichen Häusern geprägt. Sie war einst Sitz der Universität, der Professoren und der reicheren, »ehrbaren« Bürger, fest eingebettet zwischen prachtvoll hochragender Stiftskirche und gewaltigem Schloss. In der Unteren, im Ammertal gelegenen Stadt ist der einstige Existenzkampf ihrer Bewohner – Weingärtner, kleine Handwerker, Tagelöhner – an ihren Gebäuden ablesbar: Die Häuser sind bescheidener, haben meist kleine Ställe und Scheunen, aber keine Keller.

Wie groß dieser Unterschied von Oberer und Unterer Stadt noch vor gut hundert Jahren war, dafür kann die »Oberamtsbeschreibung« dienen, in der es heißt: »Bekanntlich ist der Tübinger Weingärtner ein ›ens sui generis‹ und als solcher nicht wohl definierbar. Von ausnehmend hartem, zähem Stoffe, leistet er in der Arbeit Außergewöhnliches und repräsentiert nahezu eine mittlere Pferdekraft, er mangelt dafür aber aller jener Gefühle, welche man unter dem Begriff Pietät zusammenfaßt [...] Stoff und Form seines Daseins wußte er gegen den Schliff der Zeit mit solchem Erfolge zu wahren, daß man oft glauben möchte, es sei zwischen seinem Wohnsitz, der Unteren Stadt, und dem Musensitz in der Oberen nicht etwa eine Chinesische Mauer, sondern ein breites Hochgebirge herübergepflanzt.« Auch Hesse weiß ein Lied von diesem Stadtteil zu singen, durch den sein täglicher Gang führte.

In dieses Tübingen also kommt 1895 Hermann Hesse. Er trifft auf eine »Stadt des Widerspruchs«, die noch immer ein bisschen schmutzig, noch immer ein wenig altertümlich ist, sich aber auch schon im Aufbruch zur Moderne befindet, auf einen Ort, der Dorf und Stadt zugleich ist, ein bisschen Krähwinkel und ein bisschen Athen, durch und durch geprägt, bestimmt, beherrscht von der Universität. Er begegnet dem geistigen Zentrum Württembergs, in dem manches provinziell anmutet, das aber durchaus auch weit über die Stadt- und Landesgrenzen hinaus wirkt und offen ist für vieles von außerhalb. Dieses Tübingen hat das Leben des späteren Dichters mitbestimmt und mitgeformt und ihn nie mehr ganz losgelassen.

Auf dem Weg nach Tübingen

Präludium

»Vielleicht« werde er sich besonderer »Übelstände halber« dem »Buchhandel widmen, also eine regelrechte buchhändlerische Lehrzeit durchmachen«, schrieb der achtzehnjährige Hermann Hesse am 1. Oktober 1895 an Ernst Kapff, seinen »jüngsten und nettesten« ehemaligen Cannstatter Lehrer. Und aus dem »Vielleicht« wurde in kürzester Zeit Wirklichkeit. Schon zwei Tage später erschien im Mittagsblatt des Schwäbischen Merkur die Anzeige »In einer Buchhandlung wird für einen jungen Mann mit Lateinbildung Lehrstelle gesucht«, worauf sich bereits am darauf folgenden Tag Carl August Sonnewald, Inhaber der Tübinger Heckenhauerschen Buch- und Antiquariatshandlung, mit einem Angebot meldete: »Auf Ihr Gesuch [...] biete ich dem jungen Mann Lehrstelle in meinem Hause unter Zusicherung gewissenhaftester Ausbildung im Sortiment, Antiquariat und Verlag. Lehrzeit ist 3 Jahre. Kost und Wohnung kann im Hause *nicht* gegeben werden, ich bin aber bereit, einen Beitrag dazu zu geben und die außergeschäftliche Führung des jungen Mannes zu überwachen, wenn es gewünscht wird. Eventuell bitte ich um Zusendung von Zeugnissen, wenn möglich Vorstellung des jungen Mannes.«

Schnell war man sich einig. Schon am 7. Oktober schrieb Hermann Hesse nach Tübingen, dass er wünsche, im Buchhändlergeschäft als Lehrling aufgenommen zu werden. Nur zehn Tage später, am 17. Oktober, trat er die Stelle an.

Ach, Hermann Hesses Eltern und wohl auch er selbst, sie hatten sich dies alles doch ganz anders vorgestellt. Ihr Lebensplan sah die klassische württembergische Laufbahn vor: Landexamen, Klosterschulen, Evangelisches Stift, Pfarrer. Als Student sollte Hermann in Tübingen einziehen, und nun kam er dort an als Versager, als mehrfach Gescheiterter.

Zuerst war bei dem 1877 in Calw Geborenen ja alles nach Plan verlaufen. Nach dem bestandenen Landexamen wurde der aufgeweckte Junge im Herbst 1891 ins Maulbronner Seminar aufgenommen. Dann aber riss er dort im März 1892 aus. Wieder eingefangen, wurde er, weiteres Lernen verweigernd, der Schule verwiesen. Ein Selbstmordversuch brachte ihn in die Nervenheilanstalt nach Stetten im Remstal. Einen Besuch des Cannstatter Gymnasiums brach er im Oktober 1893 nach einigen Monaten, eine Buchhändlerlehre in Esslingen nach drei Tagen schon wieder ab. Anschließend arbeitete Hesse etwa ein Jahr als »Praktikant« bei Perrot in Calw, einer mechanischen Werkstätte für Turmuhren, wo er »drehte, feilte, schmiedete, meißelte wie irgendein Arbeiter«, wo er lernte – wie er selbst schrieb –, »vor Arbeit, auch Handarbeit und Schweiß«, sich nicht zu scheuen.

*Rechts: Die Buch- und Antiquariatshandlung
J. J. Heckenhauer am Holzmarkt*

Für Tübingen

12. Okt. 95

1. Wohnung und alle Mahlzeiten
bei Frau Dekan Leopold, Horn-
bergstr. 28.

2. Vormittagsvesper giebt sie mit,
Nachmittagsvesper lässt Herr
Sonnewald kommen (Bier und
Brod).

3. Taschengeld, 1½ Mk. wöchentlich zahlt
~~Herr Sonnewald~~ jeden Samstag
~~aus~~ Frau Dekan Leopold.

4. Alle Rechnungen für Schuhflicker
u. dergl. notwendige Dinge bezahlt
Frau Dekan; u. wenn die bez.
Rechnung quittiert ihr wiedergebracht worden zum Aufheben
für mich. Für ~~Haarschneiden~~ u. dergl.
giebt Frau Dekan das Nötige.

5. Alle anderen Ausgaben zu vermeiden. In besonderen Fällen jede-

*Die »Zehn Gebote« des Vaters »Für Tübingen«
vom 12. Oktober 1895*

Nun also kam er im Oktober 1895 als Buchhändlerlehrling nach Tübingen. Und was nach »schweren
Kämpfen«, dem elterlichen Drängen nachgebend, als
»eine Anpassung«, als »ein vorläufiger Kompromiß«
begann, wurde zu einer tragenden Säule seines Lebens.
In dieser Stadt fand er seine Identität und Freunde.
Hier lernte er Begonnenes zu vollenden, hier schrieb er
seine ersten veröffentlichten Gedichte und Prosastü-
cke, hier erwarb er das »Rüstzeug« für sein späteres Leben.

Über Hermann Hesses Tübinger Zeit sind wir relativ
gut informiert, pflegte er doch einen umfangreichen
Briefwechsel mit seinen Eltern, Geschwistern, Verwandten und Freunden. Mehrere hundert Briefe von ihm und
an ihn liegen aus seiner Tübinger Zeit vor. So wissen wir,
wie er hier lebte, wohnte, arbeitete, seine Freizeit verbrachte, wie er sich fühlte, mit wem er verkehrte, was er
dachte, dichtete und las.

Die »Zehn Gebote« des Vaters

Vom 12. Oktober 1895 datieren die »Zehn Gebote«, die
Hermann Hesse von seinem Vater mit auf den Weg bekam – »Für Tübingen«, wie deren Überschrift heißt:
»1. Wohnung und alle Mahlzeiten bei Frau Dekan Leopold, Herrenbergerstr. 28.
  2. Vormittagsvesper giebt sie mit; Nachmittagsvesper
lässt Herr Sonnewald kommen (Bier und Brod).
  3. Taschengeld, 1 $^1/_2$ Mk. wöchentlich, zahlt jeden
Samstag Frau Dekan Leopold.

4. Alle Rechnungen für Schuhflicken u. dergl. notwendige Dinge bezahlt Frau Dekan u. muss die betr. Rechnung quittiert ihr wiedergebracht werden zum Aufheben für mich. Für Haarschneiden u. dergl. giebt Frau Dekan das Nötige.
5. Alle anderen Ausgaben zu vermeiden. In besonderen Fällen jedenfalls vorher bei mir anfragen. Schulden dürfen absolut nicht gemacht werden. Ich werde keine Rechnung für Dinge bezahlen, die ohne meine vorherige Erlaubnis gekauft sind.
6. Kein Buch aus der Buchhandlung heimnehmen ohne vorherige Erlaubnis des Prinzipals.
7. Das Rauchen auf ein Minimum beschränken, weil es den Appetit mindert, die Nerven reizt und Geld kostet [...]
8. Kartenspiel um Geld u. dergl. einfach abweisen mit der festen Erklärung »ich habe kein Geld zum Verlieren, und durch Spielen will ich auch keins gewinnen.«
9. Wäsche zum Waschen u. Flicken nach Calw schicken.
10. Papier, Federn u. ähnliches nicht kaufen, sondern aus Calw erbitten. Mit der Wäsche kann man immer was schicken.«

Tübingen, Herrenberger Straße 28

Wohnung und Mahlzeit bei Frau Dekan Leopold

Schroff, fast entmündigend waren die väterlichen Vorschriften und Anweisungen. Ein Glück, dass Hesses Zimmerwirtin, die Dekanswitwe Pauline Leopold, ganz anders war, als man es nach den vier ersten, von ihr handelnden »Geboten« hätte befürchten können. Hermann Hesse beschreibt sie selbst so: »Frau Dekan bemuttert mich aufs sorglichste, bringt mir Butter, Wecken, Würstchen etc. und scheint mich für den verwöhntesten Schlecker zu halten. Vom Mittagstisch komme ich nur mit Mühe los, da sie voll Erzählungslust ist. Sie kennt alle Welt, Calwer, Basler, Livländer, Missionare etc. […] Sie ist wie aus einem Dickens'schen Roman exerpiert, beweglich, heiter, lustig, sorglich, zum Platzen voll von alten und neuen Geschichten, und dabei voll Gutmütigkeit und Liebe. […] So gut und viel sie redet, fällt es ihr doch nie ein, mich inquisitorisch auszufragen oder zu klatschen, und deshalb schmeckt mir das Essen bei ihrem Gespräch sehr gut und fühle ich mich dabei höchst behaglich, obgleich sie durch eifriges Zusprechen dafür sorgt, daß ich nicht zu wenig esse oder gar einschlafe.«

Über all die Tübinger Jahre hinweg hat ihn Pauline Leopold offensichtlich gut versorgt, ohne Bevormundung und mit viel Freiraum, viel zurückhaltender, als es diese erste Beschreibung von ihr hätte vermuten lassen.

*Blick die Belthlestraße entlang auf Hesses Wohngegend.
Rechts die Gaststätte »Seegerei«, dahinter (zweites Haus
von rechts) die Herrenberger Straße 28. In der Bildmitte
der Schornstein der »J. G. Marquardt'schen Brauerei«.*

Wohnstätte von
Hermann Hesse
in den Jahren
1895 – 1899

Erinnerungstafel am Haus Herrenberger Straße 28

Sie erwies seinen Bitten gegenüber stets ein offenes Ohr und hat ihm immer wieder, auch wenn das Taschengeld aus Calw mal ausblieb oder verspätet abgesandt wurde, ausgeholfen. An Kostgeld erhielt sie über die ganze Zeit hinweg pro Tag 1,55 Mark, an Miete 10 Mark monatlich, was relativ preisgünstig war. Im Übrigen scheint auch sie mit ihrem neuen Gast durchaus zufrieden gewesen zu sein. Nach seinem Auszug schrieb sie ihm nach Basel einen »rührenden« Brief und lud ihn gar auf Weihnachten zum Kommen und Logieren ein.

Fast vier Jahre lang war nun das Zimmer in dem Haus Herrenberger Straße 28, das ihm seine Eltern besorgt hatten, eine feste Größe im Leben Hermann Hesses. Es habe sich um »ein nüchternes ödes Erdgeschosszimmer in einem öden hässlichen Hause an einer reizlosen Straße« gehandelt, stellt der Dichter Jahre später in seinem Gedenkblatt »Beim Einzug in ein neues Haus« fest.

Tatsächlich zählte die Herrenberger Straße 1895 nicht gerade zu den besten Wohngegenden der Stadt. An der Ausfallstraße reihten sich zwei, drei Gehminuten von der Altstadt entfernt gerade mal ein Dutzend mehrstöckiger Häuser, mit deren Bau in den Achtzigerjahren des 19. Jahrhunderts begonnen worden war. Das Haus in der Herrenberger Straße 28 hatte Hesses Vermieterin, die Dekanswitwe Pauline Leopold, 1882 unmittelbar nach seiner Fertigstellung vom Tübinger Werkmeister Johannes Kolb gekauft. Frau Leopold war 1880 nach dem Tod ihres Mannes aus Neuenbürg nach Tübingen gekommen. Dem Haus gegenüber (Ecke Herrenberger und Belthlestraße) lag die Restauration »Zum Ratskeller« mit Kegelbahn und »schöner« Gartenwirtschaft, die nach ihrem Inhaber Wilhem Seeger auch »Seegerei« genannt wurde.

Nur zwei Häuser weiter, im Gebäude Herrenberger Straße 32, befand sich seit 1893 das Kneiplokal der Katholischen Studentenverbindung Alamannia und daneben stand als Nummer 34 die neu errichtete Brauereigaststätte »Marquardtei«.

»Ich lebe eigentlich fein-fein«:
Das Zimmer als ein Lebensmittelpunkt

Im Großen und Ganzen scheint sich Hesse hier »auf dem Land« ganz wohl gefühlt zu haben, auch wenn er gelegentlich kritische Kommentare zur Wohnsituation abgab, etwa über die »Gestalten mistführender Gagen«, die halbwilden Hündlein und Kinder, die auf der Straße tollten, über Studenten, die nachts singend und grölend nach Hause zogen, oder über die himmelan qualmende Brauerei. Alles dies abwägend kam er schließlich doch zum Ergebnis: »Ich lebe eigentlich fein-fein: Die Bürostunden im Zentrum der Stadt, Privatlogis auf dem Lande.«

Über sein Zimmer fertigte er, kaum eingezogen, eine detaillierte Skizze an. Drei Jahre später lieferte er »mit Kopfweh und Langeweile geschrieben« eine genaue Beschreibung nach: »Im Zimmer steht ein Tisch mit Sofa und zwei Stühlen. Er dient als Esstisch und zum Ablegen der in Gebrauch befindlichen Bücher und Journale. Immer steht etwas Brot und ein Glas Wasser darauf. Zum Schreiben wird er nicht benützt. Dazu dient ein Stehpult, hoch und breit aus unlackiertem Holz, mit zwei dreiseitigen Bücheretagen [...] Die übrigen Möbel sind: Zwei Bücherständer, wovon der eine mit Pultplatte versehen, Kleiderkasten, polierte Kommode, zugleich Schmucktisch, Waschtisch, Bett mit Stuhl und Nachttisch, dazu noch ein Rauchtischchen, aus Rohrgeflecht mit Bambusfüßchen, leicht und ohne festen Standort [...] Eine Wand hat zwei Fenster, jede andre eine Türe, doch ist nur die den Fenstern gegenüber liegende Türe in Gebrauch; von den andern ist die eine durch den Kasten, die andre durch einen Vorhang verdeckt.«

Aus dem »nüchternen« und »öden« war inzwischen ein »schönes« Zimmer geworden, denn schön war damals für Hesse ein Zimmer, das geschmückt war, und für Schmuck hat er nach und nach reichlich gesorgt. Von seinem ersten selbst verdienten Geld als Buchhändlerlehrling kaufte er sich einen »schneeweißen« Gipsabguss der Hermesbüste des Praxiteles und die Wände schmückte er im Laufe der Zeit mit Bildnissen, vor allem Porträts berühmter Männer, die er »aus irgendeinem Grund bewunderte«. Dazu gehörten Abbildungen von Musikern wie Chopin, Beethoven, Mozart, Schumann und Weber, vor allem aber von Literaten und Philosophen, die er meist aus Verlagskatalogen oder illustrierten Zeitschriften ausschnitt, manchmal aber auch als Fotografien erwarb.

Noch Jahre später erinnerte er sich, wie er »seufzend die etwas teuren Preise« für eine Fotografie des jungen Gerhart Hauptmann und für zwei Bilder von Nietzsche bezahlt hat. Doch dienten die Bilder nicht nur als Schmuck oder dem Sammler zur Vervollständigung seiner Köpfegalerie, oft stand er auch vor dem einen oder anderen Porträt und hielt Zwiesprache mit ihm. Recht

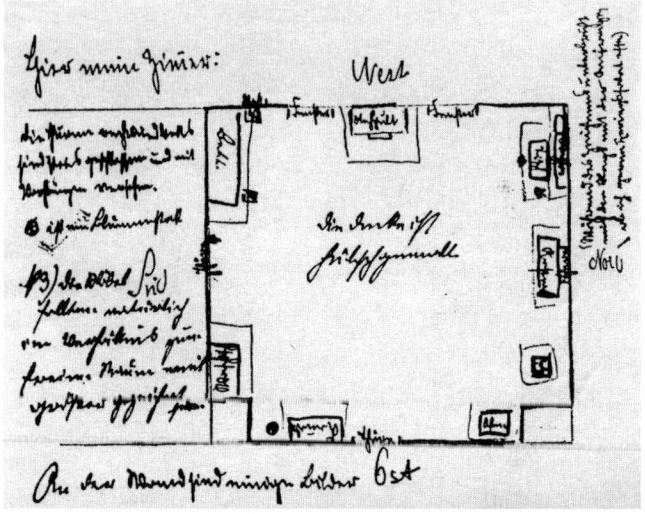

Grundriss von Hesses Zimmer in einem Brief an seine Eltern vom 20. Oktober 1895 mit falscher Angabe der Himmelsrichtungen; statt West hätte es Süd heißen müssen.

häufig vor dem Foto eines Ölbildes, das den kranken Nietzsche zeigte und ihn »mit ganz versunkenem und abwesenden Blick darstellte, im Freien in einem Krankensessel hockend«.

Doch nicht nur Köpfe hingen an den Wänden, da gab es auch Fotos von Landschaften und Gebäuden, etwa vom Faustturm in Maulbronn, oder Reproduktionen von Gemälden, wie die »Villa am Meer« von Arnold Böcklin. Geschmückt waren zudem nicht nur die Wände. »Auf der Kommode vereinigten sich einige Zinnbecher mit Bierkrug, Hermes, Muschelkorb etc. etc. zu einer künstlerisch barocken Gesamtwirkung. Auf dem

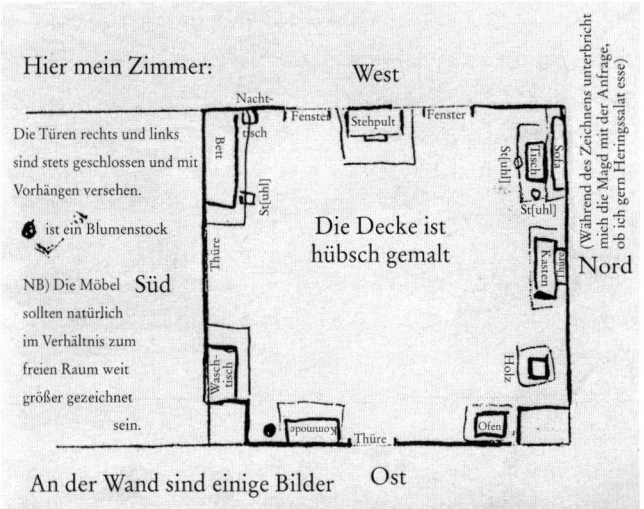

Hier mein Zimmer: West

Die Türen rechts und links
sind stets geschlossen und mit
Vorhängen versehen.

ist ein Blumenstock

NB) Die Möbel Süd
sollten natürlich
im Verhältnis zum
freien Raum weit
größer gezeichnet
sein.

An der Wand sind einige Bilder Ost

Die Decke ist
hübsch gemalt

Nord

(Während des Zeichnens unterbricht
mich die Magd mit der Anfrage,
ob ich gern Heringssalat esse)

Kasten ein Still-Leben von Zigarrenschachteln, Fla-
schen, Honigtopf.« Und schließlich »bilden«, so fährt er
in seiner Beschreibung fort, »Wasserglas, Aschenbecher,
Zigarrenspitze und der ›kleine Meyer‹ stündlich neue,
überraschende Gruppen von behaglicher Wirkung, unterstützt von Lineal, Billardkreiden, Gummitopf, Sche-
re, Buchhülsen, Buchzeichen, Besteck, Uhrständer und
vielen anderen Manifestationen häuslicher Wirtschaft«.

Auch wenn Hesse tagsüber von morgens bis abends
in der Heckenhauerschen Buchhandlung arbeitete und
meist erst in der Dunkelheit nach Hause kam, so bildete
doch dieses Zimmer über eine lange Zeit seinen eigentlichen Lebensmittelpunkt. Vom »Heckenhauer« befreit,
abends hier angekommen, hatte er, nach eigenen Worten,
»nach nichts Verlangen als nach Alleinsein, nach Frei-

heit, nach Lektüre und nach eigener Arbeit«. Nur selten ruhte er sich nun aus, setzte sich etwa, seine lange Pfeife rauchend, »den Neid der besitzlosen Klassen« erregend, ans Fenster, genoss den schönen Blick aufs Tübinger Schloss. Noch seltener, nur wenn es gar zu schwül war und er »matt und erhitzt« sich weder zum Lesen noch zum Schreiben befähigt fühlte, nutzte er die vor dem Hause befindliche kleine, recht enge, aber doch »feine« Gartenlaube, die von Rebenranken so dicht bewachsen war, dass man innen wie im Dunkeln saß und »die Vorübergehenden beschauen« konnte, »ohne selbst sichtbar zu sein«.

Meist verbrachte er die Abende in seinem Zimmer, las, studierte oder schrieb, anfangs etwa von 8 Uhr an bis um 10 Uhr, später oft länger, worauf wohl auch seine erste Prosadichtung »Eine Stunde hinter Mitternacht« anspielen mag. Nur selten und allenfalls für kurze Zeit verließ er abends mal das Haus, um Billard zu spielen, im heißen Sommer im Neckar zu baden oder im Winter Schlittschuh zu laufen. Von abendlichen und nächtlichen Spaziergängen berichtet er gelegentlich seiner Brieffreundin Helene Voigt.

Auf dem Weg durch die Stadt

Hesses zweiter Lebensmittelpunkt in Tübingen war die Buchhandlung Heckenhauer. Seine pointierten Wegbeschreibungen von der Wohnung in der Herrenberger Straße – über die Belthle- oder Schmiedtorstraße quer durch die Altstadt – bis zur Arbeitsstätte am Holzmarkt zeichnen ein treffliches Bild des »anderen«, »unteren Tübingens« gegen Ende des 19. Jahrhunderts. So schreibt er 1895: »Wenn ich etwa 7 $^1/_2$ Uhr ins Geschäft ging, stieg immer gerade mir gegenüber die Sonne auf. Dann waren die Türme und die Häuser am Berg rotumflossen, während unten die Stadt im weißen Nebel lag – ein malerischer Anblick, an dem ich mich jedesmal freute. Von außen, besonders von meiner Straße aus, bietet die bucklige, altertümliche Stadt mit Schloß und Stiftskirche überhaupt einen reizenden Anblick, innen ist's eng und duster und jetzt beim Regen ist in mehreren Straßen, durch die ich gehen muss, ein Kot [...]. Als ich heute in der Gägerei unvermutet in zolltiefen, schlammigen Kot geriet und erschreckt zurückprallte, rief mir ein alter Raupe zu: ›No zua, Herr, no zua, ma muaß da Dreck ett schpara.‹ Diese Raupen (alias Gägen) sind ein horribles Geschlecht, schmutzig und vierschrötig, und gegenwärtig voll neuen Weins. Ihr Schwäbisch ist echt und faustdick und gemahnt ans Slowakische. Mein Weg führt gerade durchs ärgste Räuberviertel, und ich betrachte, je nachdem, mit Lachen oder Mitleiden die versoffenen Männer, die magern, schlampigen Weiber und die schmutzigen frechen Kinder. Doch scheint es ein gesunder Schlag zu sein.«

Die Stadt insgesamt gefiel ihm »wohl«: »Eng und winklig, mittelalterlich romantisch, voll Richterscher Bildchen, aber auch etwas dunstig und schmutzig. Das Schloß ist prächtig, vor allem der Ausblick vom Schloßberg, und die Alleen sind herrlich.«

Detailliertere Beschreibungen der Stadt oder von Stadtteilen, etwa vom Marktplatz, von der Stiftskirche oder vom Holzmarkt, an dem die Heckenhauersche Buchhandlung lag, sucht man in seinem Briefwechsel vergeblich. Hier und da tauchen nebenbei Bemerkungen zum Aussehen der Straßen oder über das Leben in der Stadt auf. Was er dann so eben über sie bemerkt, sind mehr oder weniger Bestätigungen jener, oben wiedergegebenen, Wahrnehmungen, die er zu Beginn seines Aufenthaltes in Tübingen aufgeschrieben hat.

Den Weg von der »in ländlicher Gegend« liegenden Wohnung bis zur Altstadt empfand er als ganz angenehm, führte er ihn doch vorbei an Zäunen, die »von Blütenzweigen überhangen« waren, deren Anblick und Duft er dann mit in die »enge Stadt und Stube« nahm. Die Stadt selbst erlebte er außer als »eng« vor allem als »schmutzig«, besonders im Winter. So schreibt er von »fußtiefem Dreck« oder von »bodenlosem Schmutz«, den der Schnee endlich zugedeckt und weiß eingefärbt habe, der aber bei Schneeschmelze nur umso schlimmer wiederkehre.

Gefallen fand Hesse an der die Stadt umgebenden Landschaft. Wiederholt ist die Sprache von den »herrlichen« Alleen, der Linden-, Kastanien-, Platanenallee,

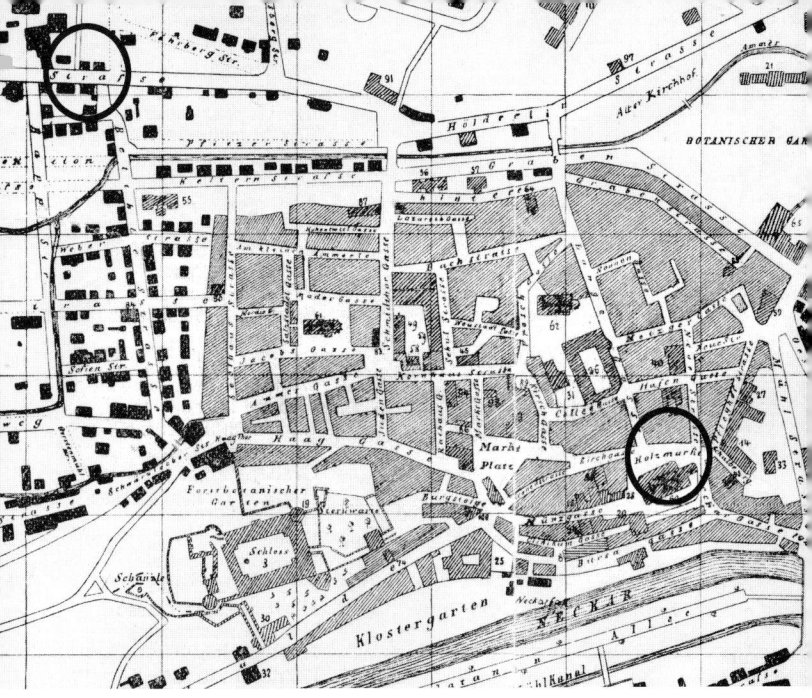

Stadtplan von 1899 (Ausschnitt) mit den Neubaugebieten westlich der Altstadt. Oben links die Herrenberger Straße, unten rechts der Holzmarkt, wo Hesses Arbeitsstätte lag.

vom erholsamen Botanischen Garten, überhaupt von schönen, mit Türkenbund und vielen Pfingstrosen geschmückten Gärten.

Als im Juni 1896 in Calw ein Besuch der »russischen Base Lina« anstand, schrieb Hermann Hesse nach Hause: »Wenn sie doch einmal unser Land sehen will, ist ein Streifzug nach Tübingen fast notwendig. Nächst dem dunklen Schwarzwald müßte Lina doch das Tübinger Schloß, die Kirche, die Stadt und Akademie, den Roßberg und – last not least! – das Tübinger Gestift gesehen

39

haben, um zu wissen, wie Württemberg aussieht.« Vor allem aber empfahl er einen Blick von Wankheim aus auf die Alb und die »Kette vom Staufen zum Zollern«, der ebenso schön wie historisch interessant sei.

So gut wie nichts erfährt man aus seinen Aufzeichnungen und Briefen über das Leben in der Stadt, über den städtischen Alltag. Eine Ausnahme ist der am zweiten Advent 1898 festgehaltene, aber auch ohne weiteren Kommentar bleibende, lapidare Satz: »Es ist Sonntag abends. [...] Auf der Straße singen bei ihrer Handlaterne die Pauperes und laufen mit Windlicht und schweren Stiefeln bettelnd in die Stuben.« Er erwähnt hier eine aus dem Mittelalter stammende Stiftung, die acht »Pauperes«, armer Bürger Söhne, den kostenlosen Schulbesuch ermöglichte. Es war den »Pauperes« aber auch erlaubt, um »Almosen« zu singen, etwa bei öffentlichen Anlässen und kirchlichen Festen auf den Straßen und Gassen, aber auch bei Beerdigungen, Geburtstagsfeiern oder Hochzeiten vor Bürgerhäusern. Zu Hesses Zeit war das Pauper-Singen, das noch heute in der Tübinger Altstadt zur Adventszeit stattfindet, schon beinahe zum Weihnachtsbrauchtum reduziert worden und nicht mehr von solch existenzieller Bedeutung wie einst.

Ja, es ist wenig, was Hesse von der Stadt, ihrem Äußeren und ihrem inneren Leben direkt beschrieben hat. Hesses Welt waren das Studium und Dichten in der Wohnung, die Arbeit beim Heckenhauer, später die Geselligkeit, die Ausflüge mit den Freunden. Dennoch lässt sich die Stadt Tübingen in Hesses Werk immer wieder auffinden. Ihre Spuren hat sie in seiner Biographie wie in seinem Werk in vielfältiger Weise hinterlassen.

Beim Heckenhauer

Im Jahr 1823 eröffnete Johann Immanuel Heckenhauer im Haus »Am Holzmarkt 5« eine Buchhandlung samt Antiquariat, zu der neben dem Ladengeschäft auch eine Versandabteilung und ein Verlag gehörten. Zum 1. Mai 1880 ging die Firma in den Besitz der Familie Sonnewald über, die bereits 1806 eine Verlagsbuchhandlung in Stuttgart und 1840 eine Filiale in Wildbad gegründet hatte.

Unter der Leitung von Carl August Sonnewald (1852–1932), der zunächst sein Glück in England gesucht hatte und erst 1883 nach Tübingen kam, erlebten der

Carl Sonnewald (re.) mit Heinrich Hermes vor dem Laden

Carl August Sonnewald (1852–1932)

Verlag, die Buchhandlung und das »gut sortierte« Antiquariat, denen er noch eine »wohl eingerichtete« Buchbinderei hinzufügte, einen raschen Aufschwung. Er hat den »Heckenhauer«, wie es in seinem Nachruf heißt, »durch Umsicht, Fleiß und hervorragende Kenntnisse zu bestem Ansehen gebracht«. 1897 übernahm Sonnewald zusammen mit der Buchhandlung Pietzcker das Sortiment der Laupp'schen Buchhandlung, wovon auch Hermann Hesse berichtet. Sein Engagement war nicht nur innerhalb des Buchhändlerbereichs vielfältig. So gehörte er von 1894 bis 1896 dem Bürgerausschuss, von 1904 bis 1909 dem Tübinger Gemeinderat (Deutsche Partei) an. Er war im Vorstand des Kunst- und Altertumsvereins und leitete von 1899 bis 1924 als Vorsitzender den Bürger- und Verkehrsverein.

Auch wenn der Laden seitdem um einiges verkleinert wurde, so ist der Heckenhauer bis heute im Familienbesitz geblieben und wird inzwischen als Antiquariat und Buchhandlung vom Urenkel des Carl Sonnewald geführt.

Der Prinzipal

Hermann Hesse hatte vor seinem Chef, dem »Prinzipal«, einen »heillosen Respekt«: »Herr Sonnewald arbeitet im geheizten Kontor in Hut und Mantel, letztern legt er meist ab, wenn er ausgeht. Statt zu sprechen säuselt er.« Beinahe siebzig Jahre später beschreibt er ihn im Rückblick als einen noch jungen, etwas lungenkranken, ein wenig ängstlich oder schüchtern wirkenden Mann

Die englische Ehefrau des »Prinzipals«

mit hellblondem Vollbart, »verheiratet mit einer Engländerin, die während der dreieinhalb Jahre meiner dortigen Tätigkeit nicht ein einziges Mal unsere Räume im Erdgeschoß, den Buchladen, das Kontor und das Antiquariat, betreten hat, sondern unsichtbar mit drei hübschen kleinen Kindern eine Treppe höher in Räumen wohnte, die uns Unteren ebenso unbekannt und unbetretbar blieben wie ihr das Kontor«.

Immerhin hat Hesse 1905, inzwischen durch seinen »Camenzind« bekannt und berühmt geworden, bei seinem ehemaligen Lehrherrn, dem »hochgeschätzten Herrn Sonnewald«, nicht nur das Tübinger Commersbuch, das er in seiner Bibliothek vermisste, bestellt, sondern ihn auch nach Gaienhofen eingeladen: »Seit dem vergangenen Sommer bin ich verheiratet und lebe hier am Untersee. Sollte eine Sommerreise Sie in die Gegend führen, so wäre Ihr Besuch mir eine Freude.«

»Staubschlucken und Geldzählen«

Leicht ist Hermann Hesse die Buchhändlerlehre nicht gefallen. Die Arbeit – von Montag bis einschließlich Samstag – war anstrengend, begann um 7.30 Uhr und endete nach zwölf Stunden um 19.30 Uhr. Unterbrochen wurde sie lediglich durch eine 1 $^1/_4$-stündige Mittagspause, die er nach dem Essen zum Spazierengehen und zum Ausruhen nutzte. Im Frühjahr stieg er meist auf den »Schloßberg«, legte sich in die Sonne, sofern es welche gab, und genoss »die weite, prächtige Aussicht auf die Alb«, im Herbst setzte er sich in die »herrliche Lindenallee«, »sah dem Blätterfall und den spielenden Kindern zu«, im Winter ging er eine halbe Stunde in den Alleen spazieren und immer wieder besuchte er den nahen Botanischen Garten. Weitere Pausen waren unüblich. Gevespert wurde während der Arbeit.

Urlaub gab es drei Jahre lang so gut wie nie, allenfalls mal einen oder zwei Tage an Weihnachten oder zu einem ganz besonderen Anlass. Kein Wunder, dass Hesse vor allem in den ersten Monaten abends oft matt, lustlos, müde war, ihm »das Schreiben zuweilen schwer« fiel. »Samstag abend bin ich immer extra müde«, schrieb er am 20. November 1895 nach Hause, »teils weil eine gan-

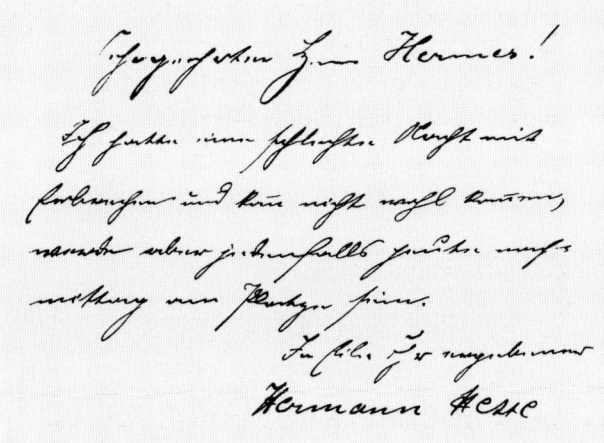

Eine Krankmeldung: »Ich hatte eine schlechte Nacht mit Erbrechen und kann nicht wohl kommen ...«

ze Woche hinter mir ist, teils weil samstags der Leipziger Ballen kommt und viel Arbeit bringt. [...] Wenn Ihr zufällig samstags zwischen 3 und 6 Uhr nachmittags an mich denkt, so wißt, daß ich gerade in dieser Zeit die letzte, schrecklichste Leidensstation der Woche durchmache. In diesen Stunden nimmt mir jedesmal das gedrängte Geschäft alle Luft und Lust, in diesen Stunden erscheint mir der Zustand eines Typhuskranken als ein Sommervergnügen, in diesen Stunden preise ich die Toten selig, die vor mir gewesen sind.«

Doch nicht nur samstags, auch vor Fest- und Feiertagen ging es hektisch zu. »Die fröhliche Weihnachtszeit ist für den Buchhändler ein Fegefeuer«, seufzt Hesse Anfang Dezember 1895. Ja, die Arbeit beanspruche sein ganzes Leben: »›Der Heckenhauer‹, der Gewalt über

Anzeige im Vorlesungsverzeichnis der Universität 1899

46

mich hat, […] steht wie ein Berg hinter mir und wirft überallhin einen langen Schatten. Das Staubschlucken und Geldzählen macht einen elenden Kerl; Freunde, Verwandte, Vater, Mutter, ich selber – alles kommt erst in zweiter Linie, das erste ist immer ›Der Heckenhauer‹.«

Manchmal, und mit voranschreitender Zeit gar oft, empfand er die Arbeit auch schlicht als langweilig. In der hierarchisch gegliederten Buchhandlung erhielt er, vor allem in den ersten Monaten seiner Lehrzeit, fast selbstverständlich alles »hingeschoben«, was ein anderer »nicht gerade tun mag«, »alles nebeneinander, lauter Kleinigkeiten, wie's eben ein Lehrling hat«. Zu seinem »Geschäft« gehörten Botengänge – zur Post, zur Schlossbibliothek –, das »Expedieren der Zeitschriften«, das Ordnen aller Rechnungen, das Nachfüllen von Büchern in die Regale, das Sortieren der Bestände im Magazin, Hilfe beim Dekorieren des Ladens. Jeden Morgen musste er die Ladenkasse nachzählen. Sein Hauptgeschäft aber bestand aus eintöniger Schreibarbeit: »[…] an das viele Lateinschreiben muß ich mich noch gewöhnen. Mein bißchen Englisch kommt mir sehr zustatten, da ich mit englischen Büchern oft zu tun habe und doch die Titel in der Hauptsache verstehen muß. Heute z. B. hatte ich einen Zettelkatalog von allen bei uns vorrätigen Tauchnitz-Editions zu machen.«

Die J. J. Heckenhauersche Buchhandlung verfügte über einen großen Laden, der wiederum aus mehreren Räumen bestand, über einige »Comptoires«, verschiedene Lager und über einen »Hades« genannten Keller. Der Hauptbestand der Bücher umfasste theologische Werke, daneben gab es Abteilungen für »Jus«, »Philologie« und

»ein wenig Medizin«. Bücher zur Bildenden Kunst und einige »Musikalien« galten als »Nebensache«. Die Kundschaft bestand überwiegend aus Pfarrern und Studenten, von denen »jeder neue« zur »Ansicht eine Büchersendung ins Haus geliefert« bekam. Arbeit verursachte auch das nicht unbeträchtliche »Schulbüchergeschäft«.

Die Kollegen

Pointiert schildert Hesse den Kreis seiner Kollegen und Vorgesetzten in Briefen an seine Eltern: »Es sind folgende Herren da: Sonnewald, Hermes, Straubing, Schmidt, Kapp, Klett und ich, ferner zwei Austräger.« Hesses nächster Vorgesetzter war »Herr Straubing«, der als wortkarg und mürrisch galt und auch wirklich »teilnahmslos, verbittert und staubig« aussah, »als wär' er selber einer der gelben, verwitterten Folianten, mit denen er Tag für Tag beschäftigt ist, und wüsste nicht, was Lachen oder Plaudern heißt.« Doch Hesse arbeitete »gern mit ihm, er ist so ruhig und sachlich, und keineswegs so verbittert und lieblos, wie er aussieht. Er kann auch lächeln, und es steht ihm wohl. Seine Spezialität ist das Antiquariat.« Christian Straubing war auch Vorsitzender des Vereins jüngerer Buchhändler Tübingen-Reutlingen namens »Insel«, zu dessen geselligen Unternehmungen er Hesse wiederholt einlud. Zum 1. Juli 1897 kündigte Straubing und verließ Tübingen, um sich in Leipzig sich selbständig zu machen.

Direkter Vorgesetzter von Hesse wurde nun Sonnewalds Stellvertreter Heinrich Hermes, »der Stolz des Hauses«, der mehrere Sprachen beherrschte, »dick und bequem, ein Lebemann, gewandt und mit raschem

*Aus dem Angestelltenverzeichnis der Firma Heckenhauer,
Nr. 61: Hermann Hesse*

Blick«. »Er ist vielseitig und wälzt mit Leichtigkeit
10 Dinge zugleich im Sinne, besorgt Repräsentation, Re-
klame, die schwere Korrespondenz (auch das Juristi-
sche), weiß mit Drucker und Buchbinder zu sprechen,
Kataloge anzuordnen etc. Er ist ein perfekter Literatur-
kenner, auch ein wenig Politiker und schreibt selbst
manchmal in Zeitschriften. Auch ist er Leiter von 1 oder
2 Vereinen. Er ist ungemein witzig, geniert sich vor
Herrn Sonnewald nicht im mindesten, und weiß oft das
Comptoir zum Lachen zu bringen und zu unterhalten,
da er für das Künstlerische, und vor allem für das Humo-
ristische einen feinen Blick hat.«

Heinrich Hermes (1855–1931) war seit 1873 mit einer
Unterbrechung von 1876 bis 1879 bei Heckenhauer als

Heinrich Hermes mit Ehefrau Mathilde und Tochter Sofie

Buchhändler und Prokurist tätig – bis 1923. Er war in der bürgerlichen Gesellschaft Tübingens ein angesehener, vielfältig engagierter Mann. So zählte er seit dem Ende der Siebzigerjahre zu den führenden Männern der Tübinger Turnbewegung; 25 Jahre lang fungierte er als Kassier der Turn-Gemeinde (heute TSG Tübingen). Durch eine 1883 erschienene Geschichte des Turnvereins und des Turnens in Tübingen – eine zweite überarbeitete Auflage erschien 1905 – wurde Hermes über die Stadtgrenzen hinaus bekannt.

Was Hesse in seinen Berichten nach Calw nicht erzählte: Er wurde wiederholt, »namentlich im ersten Jahr«, wie er später schreibt, in die Familie Hermes eingeladen. In einem Brief, den er im Februar 1947 an Sofie Koch sandte, die Tochter von Heinrich Hermes, heißt es denn auch: »Gewiss erinnere ich mich der kleinen Sophie Hermes mit dem hellblonden Haar recht gut.«

Die übrigen Kollegen sind Hesse nur wenige Worte wert: Kapp beschreibt er als einen »jungen, munteren Mann, der den Ladendienst versorgt«, Schmidt als »ein Licht in sprachlichen Kenntnissen, still und etwas reizbar«, Klett als »wenig geachtet, etwas schlampig und kein sonderliches Licht«. Von den beiden Ausläufern nennt Hesse noch nicht einmal die Namen, er betitelt sie ausschließlich als »Raupen« und charakterisiert sie somit abfällig als Tübinger Tagelöhner aus der Unterstadt.

Nach dem Angestelltenverzeichnis der Firma Heckenhauer war Adolf Kapp 1884 als Lehrling eingetreten, wurde nach seiner Lehrzeit bis zu seinem Wechsel zur Buchhandlung Bader in Rottenburg 1918 im Sortimentsbuchhandel und im Antiquariat beschäftigt, der als

Antiquar 1893 angestellte Paul Schmid verließ die Firma 1896 und Gottlieb Klett diente der Firma von 1893 bis 1904 wohl als Buchhalter. Bei den Austrägern handelte es sich um Rudolf und Heinrich Brodbeck, die von 1892 bis 1897 beziehungsweise von 1895 bis 1900 bei Heckenhauer beschäftigt waren.

Der Sortimentsgehilfe

Zwar empfand Hermann Hesse seine berufliche Tätigkeit auch bei fortgeschrittener Lehrzeit, und obwohl er sie nun viel »selbständiger als bisher« wahrnehmen durfte, als eintönig und wenig befriedigend. Symptomatisch für sein berufliches Interesse und seine Wahrnehmung mag auch sein, dass seine Briefe bald kaum noch auf die Arbeit oder die Arbeitskollegen Bezug nehmen, doch erledigte er seine Aufgaben pflichtbewusst und bot keinen Grund zur Klage – im Gegenteil, in einem Brief an Hesses Vater lobte Sonnewald im April 1896 seinen Lehrling und bescheinigte ihm »Eifer und Interesse«. So stand Hermann Hesse schließlich trotz mancher leisen Klagen und stillen Seufzern seine Lehrzeit erfolgreich durch und brachte sie am 30. September 1898 zum Abschluss.

Und als ihm Sonnewald anbot, ihn noch einige Monate, etwa ein halbes Jahr, als zweiten Sortimentsgehilfen zu beschäftigen, bis er irgendwo anders eine Arbeit gefunden habe, sagte er »mit Zittern aufs eigene Wirtschaften« trotz mancher Vorbehalte – »Tübingen wird mir zuweilen recht eng« – erfreut zu und blieb weiterhin in »Kost und Wohnung« bei Frau Dekan Leopold. Voll

Von Hermann Hesse unterschriebene Rechnung,
November 1898

Stolz berichtete er am 2. Oktober nach Hause, dass er »seit gestern auf eigenen Füßen« stehe und deshalb das Essen und die Miete ab jetzt selbst bezahlen werde. Sein Monatslohn belief sich bei elf Stunden täglicher Arbeit auf 80 Mark monatlich. So richtige Freude fand er allerdings auch an der neuen Tätigkeit nicht. Zwar war sie nun nicht mehr so langweilig, aber auch nicht gerade »angenehm« und das damit verbundene »Ausstellen, Schaufenstermachen, Plakathängen etc.« war ihm geradezu »zuwider«. Immerhin blieb er noch zehn Monate.

Ab dem Frühjahr 1899 beschäftigte er sich mit Plänen, falls er nicht zum Militär müsse, im Sommer zuerst einige Zeit – ein, zwei Monate – auszuspannen und dann, eventuell in Basel, einen neue Stelle zu suchen. Am 25. Juni endlich schrieb er seinen Eltern, dass er zum 1. August gekündigt habe. Kurze Zeit später erhielt er von der Buchhandlung Reich aus Basel ein Stellenangebot als Buchhändler, das er zum 1. Oktober annahm. In »Bagels Geschäftskalender« notierte er sich: »Weil ich in Tübingen kein Genüge mehr fand, verließ ich Stadt und Stelle am 1. August in Freundschaft.«

Im Abschiedszeugnis bescheinigte ihm Carl Sonnewald, dass er den Buchhandel »ordnungsmäßig erlernt« und sich – »bei regem Interesse für das Geschäft und Hingabe an den Beruf« – »stets fleißig, treu und ehrlich erwiesen« habe, zudem »wohlbefähigt« sei, »auch in anderen Geschäften einen Gehilfenposten mit Erfolg auszufüllen«. Abschließend wünschte er dem Scheidenden, dass ihm »auf seiner ferneren Laufbahn sein bescheidenes Auftreten und sein redlicher Charakter die Wege in ganz besonderem Maße ebnen« werden.

Freizeit

Die Buchhändlerlehre absorbierte Hesses Alltag in den ersten Monaten seiner Ausbildung fast vollständig. Auch wenn er in seinen Briefen immer wieder von Einladungen zu Veranstaltungen studentischer Verbindungen berichtet, lebt er, in seiner Freizeit weitgehend eingeschränkt, eher als Außenseiter, fast eigenbrötlerisch. Er spüre »so wenig Leben und Kraft«, sei »müde« und »menschenscheu«, und sei er mal in Gesellschaft, so sei ihm diese »zuwider«, dort sitze er nur stumm herum »wie ein Blatt«, dabei »sehne« er sich nach Menschen, »nach Leben und Fülle, nach einem Land und einer Gesellschaft«, wo er sich »hingeben und verschwenden« könne, so und ähnlich liest man in den meisten Briefen der ersten beiden Tübinger Jahre.

Manche Briefe Hesses zeigen aber – wie auch andere schriftlichen Quellen –, dass er doch nicht völlig zurückgezogen lebte, ja auch gar nicht leben konnte, schließlich gab es zahlreiche personelle Verknüpfungen, gute Verbindungen und rege Beziehungen zwischen Tübingen und dem Calwer Verlagshaus, zwischen der Familie Hesse-Gundert und ihren Verwandten und Freunden in Tübingen und manchen ehemaligen Schulkameraden, die in Tübingen studierten. So findet man in seinen Briefen eben auch Stellen wie diese: »Letzten Sonntag war ich bei Fräulein von Reutern […] Nächsten Sonntag will ich zu Frau Landgerichtsrat Kieser, die ich nicht zu besuchen wagte und die mir jetzt sagen lässt, ich möchte doch einmal kommen. Vorgestern war ich bei Professor Häring [...]«

Besuche bei Fräulein von Reutern

Von Ostern 1895 bis Ostern 1896 hatten Hermanns Eltern seine jüngere Schwester Marulla (1880–1953) im Mädchenpensionat der Sofie von Reutern untergebracht, das sich ganz in der Nähe von seiner Wohnung in der Schnarrenbergstraße 4 (später umbenannt in Frondsbergstraße) befand. Das »fromme Fräulein« von Reutern (geboren 1829) entstammte einer livländischen Adelsfamilie und hatte über ihre Familie gute Verbindung nach Petersburg und in die baltische Heimat von Johannes Hesse: Ihr Vater war Generalleutnant in russischen Diensten gewesen, ihr Bruder Michael diente zunächst Zar Alexander II. als Finanzminister, dann Zar Alexander III. als Präses des Ministerrats.

Seit 1863 war sie, damals noch von Stuttgart aus, regelmäßig Gast in Calw, 1871 zog sie nach Tübingen. Die ersten Mädchen, die sie dort »zur Erziehung und Ausbildung« bei sich aufnahm, stammten aus dem Baltikum. In ihren Bemühungen wurde sie unterstützt von ihrem »blinden aber sehr gelehrten« Neffen Dr. Charles Lawton (1848–1907), der Deutsch, Englisch, Geschichte und Geographie unterrichtete. Sie selbst gab Unterricht in Anstandslehre und Religion. Das von ihr geschriebene Buch »Der Jungfrau Leben im Lichte von Zeit und Ewigkeit«, das 1892 in der Calwer Verlagsbuchhandlung erschien, vermittelt eine streng-religiöse, sehr pflichtbewusste, pietistisch-fromme Weltanschauung.

Ihr also hatte die Familie Hesse, nachdem 1889 schon Adele (1875–1949), Hermanns ältere Schwester, für eine Zeit lang ihren Erziehungskünsten anvertraut gewesen war, nun auch Marulla übergeben, damit diese »allerhand, auch baltische Lebensart« erlerne. Im Gegensatz zu Ottilie Willms (1871 bis 1889), der Enkelin von Ottilie Wildermuth, die

Sofie von Reutern um 1895

meinte, »jedes Mädchen, das auch nur eine Stunde in dieser pietistischen Atmosphäre zubringen müsse«, sei zu bedauern, scheint sich Marulla wie schon Adele dort ganz wohl gefühlt zu haben.

Ging Hermann Hesse die Herrenberger Straße entlang vom oder zum Heckenhauer, kam er am »Mädchenpensionat« vorbei. So notierte er im Januar 1896: »Vor Marullas Bude, wo es bergan geht, hemme ich meinen Schritt und werfe meist einen allerlei sagenden Blick zu dem Hause empor, wo sich die Schar der glattgestirnten Backfische an Nachtessen und französischen Versen vergnügt.« Und ab und zu klopfte er dort auch an, brachte

Marulla Bücher, die er sich von zu Hause ausgeliehen hatte, zum Rücktransport oder bat sie, ihm welche mitzubringen. Manchmal gar machte er dort »Quartettspiele mit und geigte zu Marullas Klavierbegleitung« oder hielt sich, wie er am 7. März 1896 seinen Eltern mitteilte, einfach so »einige Stunden bei Fräulein von Reutern« auf, unterhielt sich mit ihr »sehr gut«, wobei sie »beide mit viel Interesse, zum Schrecken der zahlreich anwesenden Jugend, über russische und französische Literatur sprachen«.

Auch nachdem Marulla das Pensionat verlassen hatte, besuchte Hermann Hesse gelegentlich Frau von Reutern, berichtete nach Hause, dass er »äußerst freundlich« aufgenommen worden sei und die Eltern grüßen solle.

Bei Tante Elisabeth

Abwechslung und Geselligkeit brachten ihm zunächst vor allem die allsonntäglichen Besuche bei seiner seit kurzem in Tübingen wohnenden, verwitweten Tante Elisabeth (1846–1923), die mit Samuel Gundert (1840 bis 1880), einem Bruder von Hesses Mutter, verheiratet gewesen war und nun zum Beginn des Theologie-Studiums ihres Sohnes, »Vetter Hermann«, zusammen mit ihrer Tochter Agnes nach Tübingen gezogen war, wo sie im Neubaugebiet der Südstadt, Christophstraße 14, eine Wohnung gefunden hatte.

In den ersten beiden Jahren seines Tübinger Aufenthalts verbrachte Hermann Hesse dort manchen Sonntagnachmittag und -abend »sehr nett und behaglich«, oft war er schon zum Mittagessen eingeladen. Mit der Tante, dem Vetter, der Base ging er spazieren, schrieb auch mal »Agnes in ihr feuerrotes, plüschenes Poesiealbum [...] aus Übermut und gewiß zu ihrem Entsetzen zwei Verse aus Goethes ›Edel sei der Mensch‹, die nun neben den Dutzenden von Vergißmeinnicht und Edelweiß und ähnlichen zarten Artikeln recht einsam stehen«.

Doch wurde dort auch viel musiziert, Hesse spielte Klavier oder auf seiner geliebten Geige, manchmal vergnügte man sich auch mit Halma oder einem Kartenspiel. Hin und wieder »flüchtete« er auch werktagabends zu ihr, wenn ihm die Gedanken »zu schwer« waren, um »ein wenig Klavier zu spielen; es tut mir wohl, so ohne Gedanken Akkorde zusammenzusuchen«.

Dieser Beziehung zu Tante und Vetter fiel in der Tübinger Anfangszeit ein hoher Stellenwert zu. Mitglieder der Familie, die Hermann Hesse besuchten – Schwestern, Brüder –, konnten bei Tante Elisabeth übernachten. Und mit Vetter Hermann traf sich Hesse schon auch mal außerhalb der Gundertschen Wohnung. So feierte er mit ihm »recht fidel« seine erste Silvesternacht 1895 auf 1896 in der Herrenberger Straße, wobei sie sich einen Grog brauten »und auf aller Lieben Wohl mit den dicken Tassen von Frau Dekan« anstießen.

Offene Abende bei Professor Haering

Eingeladen wurde Hermann Hesse auch von Theodor Haering (1848–1928), einem Freund der Eltern und Verehrer des Großvaters Gundert, der 1876 bis 1881 Pfarrer in Calw gewesen war und Hesse seit den Kindertagen gut kannte. Als Vorstandsmitglied und Autor des Calwer Verlagvereins hatte er auch, solange er Professor in Zürich und Göttingen gewesen war, enge Kontakte nach Calw und zur Familie Hesse unterhalten. Nur wenige Monate vor Hermann Hesses Lehrbeginn war er als Professor für Systematische Theologie nach Tübingen berufen worden. Er wohnte nun mit seiner Familie in der Grabenstraße 5 am Rand der Altstadt.

Seine Berufung nach Tübingen war nicht unumstritten, argwöhnisch wurde er insbesondere vom Stuttgarter Konsistorium beäugt, galt er doch als ein Neuerer. Tatsächlich verband er in vielfältiger Weise sowohl in seiner Lehre wie in seinem Leben die Welt des Pietismus samt den damals aufblühenden christlichen Unternehmungen (Basler Mission, Württembergische Bibelanstalt, Calwer Verlagsverein) mit einer bewussten Weltoffenheit und einer Theologie, die kritischen und historischen Fragestellungen gegenüber aufgeschlossen war. Da er auch Mitglied der württembergischen Landessynode war, konnte er in der württembergischen Landeskirche eine starke Wirksamkeit entfalten, die erfolgreich und ausgleichend alle theologischen Richtungen umfasste und dazu führte, dass, wie Heinrich Bornkamm feststellte, »die Theologie Karl Barths in Württemberg verhältnismäßig langsam an Boden gewann«.

Vom »Donnerstagskränzchen« seines Stuttgarter Elternhauses angeregt, führte Haering in seinem Hause in Tübingen »Offene Abende« ein, die in der Regel freitags stattfanden und Interessierten, vor allem Studenten, Gelegenheit zur Geselligkeit und zum Gedankenaustausch boten: »Da raucht man gute Zigarren, trinkt einiges Bier, und jeder darf der Korona die qualvollsten Fragen vorlegen. Es geht frei und munter zu.«

Dazu hatte er also Hermann Hesse eingeladen, der dann auch ab und zu an diesen »Offenen Abenden« teilnahm. Am 27. Dezember 1895 war Hesse erstmals dabei und notierte sich darüber: »Es gab erst Tee mit Backwerk und Zigarren, später Nachtessen (zweierlei Fisch; Sau-

Theologieprofessor
Theodor Haering um 1895

ce, Wein etc.), jeder mußte ein Gedicht vorlesen, wobei mich H. Professor sehr freundlich mit einem der schönsten (von Mörike) bedachte.« Doch während die anderen »gute Zigarren« rauchten, Bier oder Wein tranken und »frei und munter« über Gott und die Welt diskutierten, saß er meist nur schweigsam »wie ein Stock« dabei.

Obwohl er über Haering stets nur das Beste nach Hause berichtete, scheint er sich dort zunächst nicht so richtig wohl gefühlt zu haben, so dass er den »Offenen Abenden« schließlich ganz fern blieb, Haerings aber hin und wieder mal besuchte. Obwohl er darauf zum Wintersemester

'97/'98 keine der »solennen Einladungskarten« mehr erhielt, war er im Sommer 1898 wieder »Freitagabendgast«. Und nun – er war älter, reifer, selbstbewusster und innerlich gefestigter – brachte auch er sich in die Gesprächsrunden mit ein: »Man sprach allerlei; diesmal habe auch ich mich am Fragenstellen beteiligt und hatte die Freude, eine nicht uninteressante längere Aussprache über eine malerische Frage (Christusbilder als Porträts, ohne ›Handlung‹) herbeizuführen.« Ein Jahr später berichtete Frau Haering an Hesses Mutter gar, er sei »vorige Woche heiter und aufgeräumt bei ihnen« gewesen.

Theodor Haering, der ihm immer wieder auch mal Bücher zum Lesen mitgab, gehörte zu jenen Menschen, die Hesse »imponierten«, wie er selbst schrieb, die auf ihn während seines Tübingen-Aufenthalts nachhaltig Eindruck gemacht, wohl auch sein Denken beeinflusst haben. Hesse hält ihn für »ungemein scharfsinnig geistreich und – diplomatisch«. Seine Charakterisierungen sind von Sympathie und innerer Übereinstimmung getragen: »Er ist immer ruhig, klar, fein, nur gegen die ›Stuttgarter Herren‹, wie er sie nennt, hat er hie und da eine kleine Spitze. Eben daß er fast nie die Dinge und Namen unter Etiketten bringt, das gefällt wohl diesen ›Herren‹ nicht; mir scheint er zu fein, zu nobel für die Stuttgarter, denen eigentlich doch nur wohl ist, wenn sie über das entartete Tübingen brummen können«, schreibt er am 8. Juni 1896. Haerings Predigten, die Hesse sonntags in der Stiftskirche gelegentlich hörte, bezeichnete er als formschön, populär und herzlich. Echt »Häringisch« sei es, aus den Predigttexten »Ratschläge fürs Alltagsleben« abzuleiten.

Mit Haerings blieb Hesse auch in späterer Zeit verbunden. Er lud Theodor Haering wiederholt zu sich nach Gaienhofen ein, so etwa 1908: »Da die Zahl der Menschen, mit denen ich gerne einen Herbstabend bei der Lampe oder eine Sommernacht im Garten säße, nicht gar zu groß ist, erneuere ich meine Mahnung. Wenn Sie einmal ferienwandernd unsern Strand berühren, so kommen Sie auf ein Stück Brot und einen Wein und ein Gespräch zu mir herein!« Wohl mit Bedacht widmete er dem Freund seiner Eltern den um 1911 geschriebenen Essay »Wilhelm Meisters Lehrjahre« in der von Hans Voelter 1918 herausgegebenen »Schwäbischen Heimatgabe für Theodor Haering«. Und in einem Brief an Theodor Haering jun. von 1954 schrieb der Siebenundsiebzigjährige: »Ihres Vaters und Vaterhauses denke ich gern und dankbar, auch noch der alten Wohnung. [...] Seine überaus freundliche Gestalt gehört mit in das Bilderbuch meiner Jugend.«

Ehemalige Mitschüler

Außer den Verwandten und den Bekannten der Eltern waren es in den ersten Monaten vor allem einzelne Mitschüler aus Maulbronn oder Göppingen, die, nun in Tübingen studierend, Hermann Hesse besuchten, ihn aus seiner Einsamkeit rissen, ihn mit anderen bekannt machten. Dazu gehörte Wilhelm Lang (1876–1938), später Professor an der Landwirtschaftlichen Hochschule in Hohenheim, der, so schreibt Hesse am 20. November 1895 nach Hause, »mit rührender Aufmerksamkeit sich jede Woche einen Abend (meist freitags) im Stift losmacht und den weiten Weg zu mir kommt, um bis 10 Uhr auf meiner Bude zu bleiben. Ich rechne das ihm hoch an, besonders da er Fuchs und Stiftler ist. Er ist meist still und lässt mich schwatzen und ist vergnügt, daß ich ihm für seine Anhänglichkeit dankbar bin.«

Lang macht Hesse dann mit dem Theologiestudenten Eberhard Goes bekannt (1874–1958), Vater des Dichters Albrecht Goes, »einem der begabtesten und dabei bescheidensten Menschen, [...] schon in seinen großen, hübschen Augen liegt etwas Ruhiges, Klares, Sicheres und doch so viel Güte und Wohlwollen, daß man ihn gern haben muß.«

Kontakt hatte Hesse zudem mit den ehemaligen Maulbronner Seminaristen Theodor Rümelin (1877 bis 1920), Hermann Kieser (1877–1957), Primus in Göppingen, später Dekan, Paul Eberhard (1877–1898), dem er 1957 ein »Gedenkblatt« widmete, oder Heinrich Hermelink (1877–1958), später Theologieprofessor und Kirchenhistoriker. Doch all diese Bekanntschaften blieben mehr oder weniger oberflächlich, aus keiner entwickelte sich eine feste Freundschaft. Eberhard Goes war ihm wohl am sympathischsten, doch beendete dieser schon im Sommersemester 1896 seine Tübinger Studien und verließ die Stadt, um sich aufs theologische Examen vorzubereiten.

Zwar blieben die beiden ihr Leben lang verbunden, korrespondierten miteinander, doch war dies für Hesse in jener Zeit nur ein unbefriedigender Ersatz. Wie einsam er sich in Tübingen noch im Januar 1897 fühlte, beschreibt er in einem Brief an Goes: »Ich habe diese Tage manchmal Heimweh nach Dir gehabt, mir hat immer ein Freund gefehlt, der, selbst eine ausgesprochene Persönlichkeit, in Freudestunden meinen Übermut versteht und zu andern Zeiten ohne billige Trostworte meine Schwermut sieht und begreift, der mir schenkt und sich gerne von mir beschenken läßt«.

Das Studentenleben in Tübingen

Im kleinen Tübingen war es geradezu unausbleiblich, dass Hermann Hesse beim Weg durch die Stadt, im Heckenhauerschen Laden, bei seinen Botengängen oder beim Einkaufen auf Bekannte, ehemalige Mitschüler in Maulbronn, Calw, Cannstatt oder Göppingen traf. Meist, sieht man von den gerade genannten Ausnahmen ab, beschränkte sich solche Begegnungen aufs Zunicken, aufs Grüßen, aufs Wechseln einiger belangloser Worte. Zu verschieden waren die beiden Welten Buchhändlerlehre und Studium, zu verschieden die sozialen Ebenen, die beiden Standorte, die jeweilige Rolle in der Gesellschaft.

Nicht nur die Zimmervermieter sprachen von den Studenten als den »Herren«, die ganze Stadt lebte von ihnen und sah sich als deren Diener. Von ihnen konnte der Ausreißer, der »Versager« und »Rebell« allenfalls Bedauern, Mitleid erwarten. Entführte ihn mal einer ins studentische Leben, so geriet er auf eine Insel, kam er in eine Welt, zu der er nicht (mehr) gehörte, in der er fremd war und fremd blieb. Manchen diente der »Sargnagel der Eltern«, wie Ludwig Finckh ihn dann in der NS-Zeit einmal bezeichnete, gar als warnendes Beispiel für die Folgen von Unbotmäßigkeit und Aufbegehren.

Andrerseits konfrontierten solche Begegnungen Hesse mit einer Welt, die auch er hätte haben können, die er sich selbst verschlossen, die er allein, verspielt und verschenkt hat. So war sein Verhältnis zum studentischen Leben und Alltag zunächst auch bestimmt von einem Spannungsverhältnis zwischen Selbstvorwürfen und Rechtfertigung, was sich auch in seinen Briefen widerspiegelt:

»Die bunte Schar der Studenten flattert an mir vorbei, je nachdem mit durchgeistigten, asketischen, leichtsinnigen, betrunkenen, verliebten Gesichtern; ihr Treiben erscheint mir im ganzen recht arm und flitterartig, zuweilen komme ich mir in meinem soliden, einsamen Leben recht philisterhaft vor, besonders des Nachts, wenn ich am Pulte ernste Gedanken im Sinne wälze und von der nächsten Kneipe die jauchzenden Stimmen klingen: ›Noch ist die blühende, goldene Zeit, noch sind die Tage der Rosen‹.«

Immer wieder verpasst er den Studenten kleine Seitenhiebe, etwa bei der Beschreibung seiner Tätigkeit bei Heckenhauer, in der er festhält: »Für die Studenten sind eigene Conti da, darunter manche ungezahlte Rechnung, deren Herr verduftet ist. So was scheint oft vorzukommen.« Und die beliebten Studentenverbindungen, immerhin gehörte etwa die Hälfte aller Studierenden einer Verbindung an, kommentierte er im Mai 1897 so: »Die hiesigen Studenten tollen diese Zeit ärger als je. Zwei hiesige Corps haben solchen Unfug getrieben, daß einzelne strafrechtlich belangt werden. Der Besuch nimmt im ganzen ab, deshalb tut der akademische Senat alles, möglichst geringe Strafen zu erwirken. Auch leide ich darunter, indem viele Nächte vor Lärm nicht zu schlafen ist.«

Die Ausgrenzung, das Gefühl des Verlustes, kompensierte er mit dem Aufbau einer eigenen Gegenwelt. Hartnäckig, zäh, diszipliniert, aber auch von Unwohlsein, Müdigkeit, Kopfschmerzen und Einsamkeit geplagt, vergrub er sich in seiner Freizeit in Bücher, baute sich eine eigene Studienwelt. Erst als es ihm gelang, sich von den bitteren Gedanken, den Selbstvorwürfen, dem Rechtfertigungsdruck zu befreien und ein neues Selbstverständnis aufzubauen, seine Identität zu finden, konnte er seine Isolierung aufgeben. In diesem neuen Verhältnis zur Umwelt, zur Gesellschaft hatten nun auch Freundschaften Platz, wird der Aufbau eines Freundeskreises möglich.

Le petit Cénacle

Endlich, nach beinahe zwei Jahren, im Sommer 1897, fand Hesse einen solchen Kreis, der ihn auch abends von den Büchern und vom Dichten weghole, der ihn auf andere Gedanken brachte. Nun heißt es in seinen Briefen auf einmal: Wir »kommen jede Woche einen Abend von 8 $^1/_2$ bis 11 Uhr beim Bier zusammen, gar nicht studentisch und doch fröhlich.« Ja sogar sonntags sind sie nun »meist zusammen, gehen spazieren, lesen zusammen, vespern zusammen und zuweilen leistet man sich auch ein paar Wirtshausstunden voll profaner Fröhlichkeit«. Man trifft sich »zur Versammlung« auf den Buden, auch mal bei Hesse, der dann »vor der Teekanne präsidierte«, singt, diskutiert, dichtet und liest sich aus den neuesten Werken gegenseitig vor.

Ausflüge wurden unternommen, auf die Schwäbische Alb, nach Urach und immer wieder zu Hesses »Lieblingsort«, dem Schloss Lichtenstein, wo die Freunde dann »bekränzt in den Parkwegen« wandelten und »zum Schlusse dem Dichter Hauff an seinem Denkmal einen stummen Trunk« darbrachten. »Die Gläser klirrten an die Felsen, und wir standen noch eine Weile bewegt auf dem steilen Vorsprung, unter dem reinen Himmel über dem steilen, bewaldeten Tal, während die Sonne hinabging«, heißt es in einem Brief vom Juni 1898.

Den Mittelpunkt des Freundeskreises bildete der Reutlinger Jura-Student Ludwig Finckh (1876–1964), den Hesse als einen »begabten, recht wohlhabenden, aber in seltener Weise bescheidenen und liebenswürdigen Menschen« charakterisierte, der »literarische, meist aber künstlerische Interessen« habe. Kennen gelernt haben sie sich – so Hesses Erinnerung 64 Jahre später zu Finckhs 85. Geburtstag – »am Gartenzaun der Seegerei in Tübingen«, dem Cafe in der Belthlestraße unweit seiner Wohnung. Finckh, der 1899 auf das Medizin-Studium nach Freiburg wechselte, erzählt im Rückblick auf jene Tage: »In Tübingen traf ich in einem Buchladen, bei Heckenhauer, einen jungen Stift, der mir auf den ersten Blick merkwürdig auffiel. Sein Rock war unscheinbar, seine Gestalt hager, – aber sein Gesicht leuchtete. Wir sprachen ein paar Worte mit einander; es stellte sich heraus, daß er ungemein belesen war und daß er auch dichtete. Da war eine Freundschaft geschlossen. – Er war ein wenig jünger als ich, aber er schien mir viel älter und reifer zu sein, er mußte wohl Schweres durchgemacht haben; seine Verse waren voll Glut und Schwermut. Nach Feierabend trafen wir uns, auf unseren Buden, in der ›Forelle‹ (Kronenstraße 8), in der ›Seife‹ (Neckarhalde 6), – er spielte vorzüglich Billard, – und an Sonntagen fuhr er nun häufig nach Reutlingen, wo ich ihn schon erwartete, in meinem Elternhaus.«

Mit Ludwig Finckh, später Arzt und Schriftsteller, blieb Hesse ein Leben lang in Kontakt, zeitweilig wohnten sie gar im selben Dorf Gaienhofen. Doch wurde die Freundschaft in der NS-Zeit durch Finckhs Sympathisieren mit den Nationalsozialisten schwer belastet, ja zerstört. Hesse brach den Kontakt ab: »Ich teile Deine Kampfideale nicht, und Du gibst mir manche Ohrfeige ohne es selbst zu merken. Da muß man einhalten und eine Weile schweigen. […] Immer so zu tun, als sei alles gut, und der tiefe Gegensatz nicht da, das überanstrengt mich, und darum will ich warten. Laß es so!«

Erst nach dem Krieg lebten die Briefkontakte trotz mancher Vorbehalte wieder auf. So schrieb ihm Hesse im Juli 1948: »Du weißt ja längst, daß ich andere Überzeugungen habe als Du und den Glauben an das Blut und den Ahnenkult nie geteilt habe. Daß Du und ich in Tübingen zusammenfanden, geschah nach meiner Meinung durch die Verse, die wir machten, und durch die Dichter, die wir gemeinsam liebten, nicht durch die Urahnen. […] Aber Deine Beschwörung der schönen Tübinger Zeit und jenes herrlichen Jugendrausches hat dennoch zu mir

Hermann Hesse (rechts vorne) und sein Freundeskreis
»Le petit Cénacle« im Sommer 1899

gesprochen und mir ans Herz gerührt, ich danke Dir dafür.« Gesehen haben sich die Freunde erst wieder im hohen Alter, 1957. Hesse hatte mit dem Hinweis, dass es in seinem Haus »mit jüdischer Frau kein Bedürfnis nach dem Besuch eines Nazis gebe«, bis dahin jedes Treffen abgelehnt.

Zum Freundeskreis gehörten von Anfang an der ehemalige Maulbronner Mitschüler Stud. jur. Karl Hammelehle, »Ökonomensohn von der Rauhen Alb«, später Rechtsanwalt in Stuttgart, »sehr leidenschaftlich, voll von Fragen und Antwort, Jurist und Philosoph«, und der

Jura-Student Oskar Rupp, später Landrat, »ein ruhiger, sehr fleißiger, abgeklärter Mensch; er hört mehr zu, als er spricht, und fehlt einem doch, wenn er nicht da ist«. Dazu gestoßen sind dann noch der Stud. jur. Otto Erich Faber (1877–1959), später Jurist in Backnang, »ein gewandter, eleganter, aber durchaus harmloser, naiver Kamerad, voll von Lust und Talent zum Mimen, von Respekt und Sarkasmen gegen die hohe Wissenschaft, dabei in Sachen der Kunst, besonders in Einzelheiten, ein Versteher und Kenner«, sowie der Cand. theol. Wilhelm Schönig (1876-1909), später Pfarrer in Steinkirchen, Dekanat Künzelsau, der »an so einem Abend unglaublich viel Geist und wirkliche Wissenschaft verbrauchen kann«.

Getreulich hat Hesse die Freunde des »petit Cénacle«, wie sich der Kreis nach einer 1828 in Paris gegründeten geselligen Vereinigung französischer Dichter und in Anspielung auf das sie verbindende »Abendessen« (cenaculum) nannte, in den »Hinterlassenen Gedichten und Schriften von Hermann Lauscher«, als dessen posthumer Herausgeber Hesse im Jahr 1900 in Basel auftritt, porträtiert: Finckh als »Ugel«, Faber als »Erich Tänzer«; Rupp als »Oskar Ripplein«, Hammelehle als »Karl Hamelt« und Schönig als »Pfarrvikar Wilhelm Wingolf«.

Was ihm die Freunde bedeuteten, davon spricht er in einem 1902 entstandenen Gedicht, das »Dem petit cénacle« gewidmet ist:

Wir galten für dekadent und modern
Und glaubten es mit Behagen.
In Wirklichkeit waren wir junge Herrn.
Von höchst dezentem Betragen.

Dennoch – es war eine schöne Zeit
Der Feste, der ersten Lieder,
Der harmlos lachenden Fröhlichkeit,
Und ich wollte, sie käme wieder!

Ich schlug mich durch Laster kreuz und quer,
Ihr ginget den Pfad der Tugend.
Ich grüße Euch von der Ferne her,
Euch und die verlorene Jugend!

Diesem Freundeskreis verdankte Hesse eine neue Lebensqualität. Die damit verbundene Geselligkeit und die daraus entspringenden Gespräche, intellektuellen Auseinandersetzungen, geistigen Anregungen beflügelten seine Dichtkunst, verliehen ihr eine größere Eigenständigkeit und eine neue Qualität.

Dem »petit Cénacle« verdankte er zudem seine erste (unerwiderte) Liebe, das »Kleinod seiner Träume«: Julie Hellman (1878–1972), das »Lulumädchen«, das er in Kirchheim unter Teck kurz vor seinem Aufbruch nach Basel im August 1899 kennen gelernt hatte. Verarbeitet hat Hesse diese schmerzliche Erfahrung in der Erzählung »Lulu. Ein Jugenderlebnis«, die er in seinem »Hermann Lauscher« veröffentlichte.

Aufbruch als Dichter

»Von meinem dreizehnten Jahr an war mir das eine klar, daß ich entweder ein Dichter oder gar nichts werden wolle,« schrieb Hermann Hesse 1925 in seinem »Kurzgefaßten Lebenslauf«. Diesen Kindheitstraum hat er mit seiner Einwilligung, eine Buchhändlerlehre zu absolvieren, nur zur Hälfte aufgegeben. Ein Dichter zu werden, das war noch immer sein Ziel. Einen bürgerlichen Beruf zu ergreifen, eine Lehre zu absolvieren, die Existenz als Sortimentsgehilfe und Buchhändler materiell zu sichern, dies war mehr oder weniger eine Anpassung an die Verhältnisse, ein Kompromissangebot gegenüber den Eltern. Er hielt die Lehre durch, weil er ihnen beweisen wollte, dass er auf eigenen Füßen stehen, »im Notfall« sich »beherrschen und etwas im bürgerlichen Leben leisten könne«. Doch »von Anfang an« waren für ihn die Lehre, der Beruf nur ein »Umweg« und allenfalls ein »Sprungbrett« zum eigentlichen Ziel, ein freier und unabhängiger Schriftsteller zu werden.

Er wollte nicht ewig Geschäftsräume fegen, Lagerbestände abstauben, Bücher alphabetisch ordnen, Rechnungen nachprüfen und abheften, Adressen schreiben, Bestellungen entgegennehmen, Bücherwünsche vormerken, Zeitschriften auspacken, Ansichtssendungen zusammenstellen. Er wollte Dichter werden und fühlte sich dazu auch berufen.

Wer darin nur einen emanzipatorischen Akt, eine Revolte gegenüber dem Elternhaus vermutet, wie dies in manchen Biographien immer wieder geschehen ist, hat allenfalls nur einen Teil der Wahrheit erkannt, hat vergessen oder übersehen, dass Hesse aus einem Hause kommt, in dem das Lesen und Schreiben, das Verlegen von Büchern, Zeitschriften, Aufsätzen ebenso zum Alltag gehörte wie die Diskussion über Bücher und der Umgang mit Autoren. Gewiss wollte Hesse in Tübingen keine Erbauungsliteratur mehr schreiben, aber auch die Calwer Vereinsbuchhandlung, der damals sein Vater vorstand, war dank Hesses Großvater Hermann Gundert weit mehr als ein pietistischer Verlag. Das Unternehmen war durch große Handbücher und Nachschlagewerke, wie Friedrich Pfäfflin konstatierte, »ein reputiertes wissenschaftliches Institut geworden«.

»Vom Äußern der Bücher ins Innere«

»Meine Kollegen flüchten sich abends ins Wirtshaus, zu Bier und Karten; ich flüchte mich vom Äußern der Bücher ins Innere und betreibe planmäßig größere literaturhistorische und überhaupt geistesgeschichtliche Studien, die, wie ich hoffe, sich später werden verwerten lassen«, schrieb Hesse im Oktober 1898.

Vor allem aber las er sich durch die deutsche Literatur. Was schon das letzte Jahr im Calwer Elternhaus ausgefüllt hatte, in dem ihm die gewaltige großväterliche Bibliothek zur Verfügung stand, »ein ganzer Saal voll alter Bücher, der unter anderem die ganze deutsche Dichtung und Philosophie des achtzehnten Jahrhunderts enthielt«, fand nun seine in mancherlei Weise gesteigerte Fortsetzung. Das »Schwimmen« in der neuen und neuesten Literatur, »ja das Überschwemmtwerden damit« habe ihm »ein beinahe rauschähnliches Vergnügen« bereitet, kann man in seinem »Kurzgefaßten Lebenslauf« nachlesen.

Manche Lektüre der Kindheit hatte den Weg zur Literatur, zu dem einen oder anderen Dichter geebnet, etwa zu Hölderlin, dessen Fragment die »Nacht« (» – die Nacht kommt, / Voll mit Sternen, und wohl wenig bekümmert um uns / Glänzt die Erstaunende dort, die Fremdlingin unter den Menschen, / Über Gebirgeshöhn traurig und prächtig herauf.«) schon die »Knabenseele bezaubert« hat. Die erneute Beschäftigung mit ihm verdichtete Hesses Erkenntnis, dass Hölderlin »das Urbild des von Gott auserwählten und von Gott geschlagenen Dichters« sei, »aufglänzend in übermenschlicher Reinheit, voll Adel und schmerzlicher Schönheit«. »Ich gebe für zwei Gedichte von Hölderlin den ganzen Schiller und den Fichte dazu«, meint er 1921.

Beim Gang durch seine Briefe gewinnt man den Eindruck, als habe er alles verschlungen, gelesen, verarbeitet, was die damalige Zeit zu bieten hatte, Homer, Plato und Sophokles ebenso wie Dante und Shakespeare oder C. F. Meyer, Keller, Storm, Heine und – immer wieder – Nietzsche. Aber auch die »Romantische Schule« mit Arnim, Brentano, Eichendorff, Novalis, Schlegel, Tieck, Wackenroder gehörte zu seiner Lektüre.

Gelegentlich, zwar selten aber intensiv und konzentriert, beschäftigte er sich auch mit Musik, besuchte Konzerte, nahm sich seine Geige vor oder las musiktheoretische Schriften. Sein »großer Liebling« war Chopin, dessen »süße, sehr aristokratische Musik mit den Wundern ihrer fremdartigen Rhythmen, mit ihren pöbelfeindlichen feinen, farbigen Stimmungen einen mächtigen Reiz« auf ihn ausübte. »Mit diesen warmen, lebendigen Melodien, mit dieser ganzen so ungemein intimen Musik Chopins hängt alles Wesentliche meines geistigen und seelischen Lebens zusammen«, vertraute er im September 1897 seinen Eltern an.

Vor allem aber entdeckte Hesse Goethe. »Unter allen deutschen Dichtern ist Goethe derjenige, dem ich am meisten verdanke, der mich am meisten beschäftigt, bedrängt, ermuntert, zu Nachfolge oder Widerspruch gezwungen hat. Er ist nicht etwa der Dichter, den ich am meisten geliebt und genossen, gegen den ich die kleinsten Widerstände gehabt habe, o nein, da kämen andere vorher: Eichendorff, Jean Paul, Hölderlin, Novalis, Mörike und noch manche. Aber keiner dieser geliebten Dichter ist mir je zum tiefen Problem und wichtigen sittlichen Anstoß geworden, mit keinem von ihnen bedurfte ich des Kampfes und der Auseinandersetzung, während ich mit Goethe immer wieder Gedankengespräche und Gedankenkämpfe habe führen müssen«, schreibt er im Dank an Goethe 1932.

Bei Goethe lernte er auch, wie er im April 1899 seinem Verleger Diedrichs mitteilte, sein »einziges sicheres Gut in literarischen Dingen«, nämlich »eine fleißige und peinliche Schätzung der Sprache«. Schon im Februar 1896 rühmte er in einem Brief an seinen ehemaligen Lehrer Ernst Kapff die »lächelnden Bildungen Meister Goethes« die »schlicht und naiv ursprünglich klingen«.

Zum Lesen und Studieren gesellte sich von Anfang an die eigene Dichtkunst, die literarische Verarbeitung, die lyrische Umsetzung des Gelesenen, des Erlebten, Erlernten, Erfahrenen. Dies alles, seine Studien, seine Lektüre, sein Schreiben wird begleitet von einer Ungeduld, die ihn immer weiter und schneller vorantrieb. Nicht, dass er oberflächlich geworden wäre, gewiss nicht. Aber mit jedem neuen Feld, das sich ihm erschloss, taten sich zwei neue auf, die es zu erfassen galt. Die Intensität seines Lesens und Studierens nahm zu. Sein festes Ziel war es, »Wesen und Geschichte der europäischen Dichtung wirklich zu verstehen« und das literarische Handwerkszeug selbst meisterlich anzuwenden.

Eine Tagebuchnotiz vom 9. Juni 1897 macht deutlich, in welchem Malstrom der Zeit er sich befand: »Morgen! Morgen! – das ist wenn mein Leben ein ebener Strom sein, wenn meine Liebeslust in Rosen wohnen wird. Morgen – das ist die Zeit, wo ich mich und den Schwerpunkt meines Wesens werde gefunden haben, wo meine Lieder Spiegel meines Glückes und meine Gedanken selber Seligkeiten sein werden. Morgen – wenn meine fressende Schuld erschlagen ist, und viele Monate meines Lebens vertilgt sein werden. Morgen – der Sonnenaufgang meines Geistes, der die Welt mir in lichter Wahrheit zeigt. Morgen – der Tag, der nie heute sein wird.«

»Lyrische Nippes und Stoßseufzer«

»Außer lyrischen Nippes und Stoßseufzern bringe ich sehr wenig hervor«, klagt Hesse Anfang Februar 1896.

Doch wird ihm – obwohl von der Arbeit ermüdet und angestrengt und immer wieder von »wildem Kopfweh« geplagt – in diesem Frühjahr das abendliche Schreiben neben dem Lesen zunehmend zur Therapie wider die Einsamkeit.

Seinen Briefen legt er Gedichte bei, »lyrische Seufzer«, die er »noch als Brücke ansehe«, die ihn »dahin führen soll«, wo er »erst Dichter sein werde, in die Höhe, zur Sonne«. So sendet er im Januar 1897 seinem Freund Eberhard Goes vier Gedichte, darunter das Gedicht »Drüben«.

Drüben überm Berge,
Wo die späten Glocken gehen,
Weiß ich eine große Stadt
Und ein kleines Haus drin stehn.

Drüben überm Berge
Und im Staub der großen Stadt
Weiß ich einen süßen Mund,
Der mein Herz vergiftet hat.

Drüben überm Berge,
Wo das lichte Leben wohnt,
Liegt die Welt und liegt mein Glück
Bleich und fern im bleichen Mond

Drüben überm Berge,
Wo die späten Glocken gehen,
Muß ich jede Nacht im Traum
Vor dem kleinen Hause stehn.

Im in Wien erscheinenden »Das Deutsche Dichterheim. Organ für Dichtkunst und Kritik« wird im März 1896 dann erstmals eines seiner Gedichte gedruckt: »Madonna« (»In Mutters Zimmer stand ein Bild, / Auf dem Madonna war gemalt, / Von wallendem Gewand umhüllt / Und wie von Himmels Licht umstrahlt.«). »Makuscha. Lieder eines Verbannten. I. und II.« folgten vier Wochen später (»In der Nacht, im Traum, sah ich dich; / Blondes Haar, wie sonst, spielt um dich […] Es war ein Traum – vor mir unendlich lag / Das bleiche Meer. Verlassen war der Strand.«). Diese Gedichte waren allerdings wohl schon im Frühjahr 1895, auf jeden Fall noch in Calw entstanden.

Weitere in Tübingen gedichtete »Lieder« folgen im »Deutschen Dichterheim« in den kommenden Monaten. Bis zum Jahresende 1898 werden noch folgende sieben Gedichte publiziert: »So wie heut hab ich sie nie geliebt«, »Wenn man alt wird«, »Chopins ›grande valse‹«, »In der Einsamkeit«, »Die erste nicht«, »Der Straßenkehrer« und »Villalilla«. Doch scheint Hesse viel mehr Gedichte eingesandt zu haben. In der Rubrik »Briefschalter« findet man immer wieder aufmunternde Nachrichten oder kritische Bemerkungen auch für »H-n H-e in T-n«. So kann man beispielsweise im Heft Nr. 14, 1896 des »Deutschen Dichterheims« lesen: »Beide Beiträge sollen erscheinen; man sieht es deutlich, Sie schaffen mit Liebe und Eifer«, oder im Heft 15, 1897 »Nur der Satz: ›Der Mondschein flicht schwermüthig seinen Kranz in Tod und Graus‹ will uns nicht recht zusagen.« Und im Heft 8, 1888 heißt es: »Sie besitzen eine besondere Virtuosität darin, uns im Winter Sommermotive vorzulegen und umgekehrt im Frühlinge Gedichte, die spätherbsteln. Da heißt es also vor allem Langmuth üben.« Immerhin bringt ihm das im September 1897 erschienene Gedicht »Chopins ›grande valse‹. Eine Phantasie« einen ersten Leserbrief ein.

Ein kerzenheller Saal
Und Sporengeläute und Tressengold!
In meinen Adern klingt das Blut.
Mein Mädchen gib mir den Pokal,
Und nun zum Tanz! Der Walzer tollt;
Erhitzt vom Wein mein Brausemuth
Nach aller ungenossnen Lust begehrt.

Vor den Fenstern wiehert mein Pferd.

Und vor den Fenstern deckt die Nacht
Das dunkle Feld. Es trägt der Wind
Von fern Kanonenbrüllen her; –
Noch eine Stunde bis zur Schlacht!
Tanz rascher, Schatz! Die Zeit verrinnt,
Es wiegt der Sturm die Binsen hin und her,
Die nächste Nacht mein Bette sind.
Mein Totenbett vielleicht! – Juchhe, Musik!
In durstigen Zügen trinkt mein heißer Blick
Das junge, schöne rothe Leben ein
Und trinkt sich nimmer satt an seinem Licht.
Noch einen Tanz! Wie bald! – und Kerzenschein
Und Klang und Lust zerrinnt!
– Juchhe, Musik! Vom Tanz erbebt das Haus,
Erregt am Pfeiler klirrt mein hängend Schwert.

Vor den Fenstern wiehert mein Pferd.

Mit ein paar Worten, habe er eine Saite in ihr berührt, die »nun lange, lange nachschwingt«, schreibt ihm am 22. November 1897 Helene Voigt (1875–1961) aus Schleswig, womit ein intensiver, sich über viele Jahre hinziehender Briefwechsel begann und eine Beziehung aufgebaut wurde, die zu Hesses erster Prosaveröffentlichung führte.

Allmählich verdrängte das Dichten den anfangs allgegenwärtigen »Heckenhauer« und je mehr die Ausbildung zur Routine wurde, umso weniger befriedigte Hesse das Buchhändlerdasein, umso weniger konnte er sich sein zukünftiges Leben als das eines Buchhändlers vorstellen. In einem Brief an seine Eltern fasste er unmittelbar nach Abschluss der Lehre zusammen: »Mich betrübt, außer allem großen Unrecht, das ich Euch abzubitten habe, im Grunde nur das, daß ich schließlich in einen kaufmännischen Beruf mündete, nachdem ich einen besseren mir selbst verdarb. Je ruhiger ich werde und je mehr ich mich bemühe, meinem Beruf Liebe und Fleiß zu widmen, desto gewisser wird mir seine relative Niedrigkeit – es ist eben Kauf und Verkauf [...] So sehr ich mich in meinem Fach zu vertiefen versuche – abends nach dem Ladenschluß ist der Buchhandel tot und vergessen bis zum nächsten Morgen.«

Der erste Gedichtband: »Romantische Lieder«

Im Schreiben und Dichten suchte Hesse, was ihm im Beruf fehlte, versuchte er die vorgegebenen Berufsbahnen abzuschütteln, sich eine andere Zukunft zu gestalten. Im Juni 1898 bereitete er eine erste Gedichtsammlung zum

Druck vor, die dann schon im Oktober des selben Jahres beim Dresdner Selbstbeteiligungs-Verlag Pierson unter dem Titel »Romantische Lieder« erschien. Hesse hatte inzwischen ausgelernt und verdiente als Buchhändler sein erstes Geld, sodass es ihm möglich war, die geforderte Beteiligung von 175 Mark an den Herstellungskosten zu übernehmen.

Das Lyrikbändchen enthielt 55 Gedichte, die in den vergangenen zwei Jahren in Tübingen entstanden, zum Teil schon im Dichterheim erschienen waren. Es begann mit dem Gedicht »An die Schönheit« und endete mit dem Gedicht »Eine andere Welt«:

> Über meinen Kinderzeiten
> War Dein Flügel ausgespannt –
> Grüne Nähen! Goldne Weiten!
> Und am letzten Himmelsufer
> Schufest Du mein Heimwehland.

Alle Gedichte waren – in Hesses eigenen Worten – »Lieder der Liebe, des Heimwehs und der Melancholie«. Der Reigen wurzelt ganz und gar in der Tradition der Salonpoesie der neunziger Jahre, in der immer wieder »müde Trauer«, »verklärte Resignation«, das »Gefühl der Einsamkeit«, die »Weltmüdigkeit« beschworen werden. Das Schöne, die Feste, die Musik sind dem Dichter in der realen Welt entschwunden, was ihm bleibt, ist das »Heimwehland«, die Traumwelt der Dichter, das Land der Poesie.

Entstanden seien die »Blätter«, schrieb Hesse im Februar 1899 Helen Voigt, auf »ungezählten, schlafsuchenden, mitternächtlichen Spaziergängen in Straßen, Brücken und Alleen«, in Stunden voller Vereinsamung »unter den wipfelregen Kastanien und Platanen« im Angesicht des Neckars. So seien die Gedichte denn auch nicht mehr als ein »Nachtgeräusch von diesen Spaziergängen, ein Astschlagen, ein Flußrauschen, ein Schrittklang aus diesen Nächten«. Doch darf man dies wohl eher einer literarischen Fiktion und einem romantischen Stilistikum denn einer realen Begebenheit zuordnen.

Der Titel des Bändchens »Romantische Lieder« war von Hesse mit Bedacht als »ein ästhetisches und persönliches Bekenntnis« gewählt worden, wie er seiner Mutter mitteilte. Er trug damit Wandlungen seiner ursprünglichen Anschauung Rechnung. Als Achtzehnjähriger hat er in den ersten Monaten seines Tübinger Aufenthalts die »Romantik« weitgehend abgelehnt – »Im Prinzip sind mir die Romantiker zuwider […] Tieck kann ich nicht leiden, Brentanos ›Fahrender Schüler‹ widerstand mir […] Auch Eichendorff wird mir oft zu romantisch, zu wirr und schwül und einseitig. Tieck lese ich grundsätzlich nimmer, sein Gebimmel wird am Ende kindisch« –, doch nun war, da er »die Beschäftigung mit der Romantik stetig fortgesetzt« hatte, aus dem Saulus ein Paulus geworden. Der Einundzwanzigjährige urteilt in einem Brief an Helene Voigt im November 1898 um ein Vieles positiver: »Diese Romantik! Alles Heimliche und Jünglingshafte des deutschen Herzen ist in ihr, alle die Überkraft neben aller Krankheit, und vor allem eine Sehnsucht nach geistiger Höhe […] Die Religion der Kunst – das ist für mich das Wesentliche, sie ist das Ziel der Romantik.«

Die deutsche Romantik, deren Weltanschauung, deren poetische Konzeption, deren Lebensgefühl waren das Vorbild der Gedichte dieser Zeit. Bewusst gesellt sich Hesse der romantischen Tradition bei und unterstreicht dies noch dadurch, dass er der Anthologie einen Vers von Novalis aus dessen Gedicht »Der Fremdling« voranstellt: »Seht – der Fremdling ist hier – der aus demselben Land / Sich verbannt fühlt, wie ihr; traurige Stunden sind / Ihm geworden – es neigte / Früh der fröhliche Tag sich ihm.«

Im Calwer Elternhaus wurden die Gedichte mit gemischten Gefühlen, ja eher mit Sorgen gelesen. Zwar bescheinigt ihm seine Mutter, dass sie darin »manches Schöne gefunden« habe und ihm die »Form und Sprache« »fein« gelungen sei. Doch dann folgt die Mahnung, er solle sich für seine Dichtungen einen »höheren Inhalt« suchen. Auch Hesses Stiefbruder Karl Isenberg, Sohn von Hermann Hesses Mutter aus erster Ehe mit dem Missionar Charles Isenberg (1840–1870) und damals Lehrer in Biberach, meldet Bedenken an, obwohl ihm manche Gedichte durchaus gefallen haben. Er hat zwar keine moralischen Vorbehalte wie die Mutter, meint aber, dass die »fast allezeit düstere traurige Grundstimmung […] ja freilich eine Freude am Stoff nicht recht aufkommen« lasse, und befürchtet, »daß dies dem äußeren Erfolg ziemlich im Wege stehen wird«. Nichtsdestoweniger haben ihn die Gedichte seines Bruders zum Komponieren inspiriert. So wurde er, der Musikliebhaber und –kenner, der erste Mensch, der – wie er am 3. Dezember 1898 seinem Bruder mitteilte – ein Gedicht Hesses, das »Königskind« aus den »Romantischen Liedern«, vertont hat.

Eine Rezension von Karl Ernst Knodt in den Monats-blätter für deutsche Literatur 1902 lobt das Bändchen: »Eine Handvoll Verse nur – diese ›Romantischen Lieder‹ Hermann Hesse's. Nur 44 Seiten stark das ganze Buch. Ein kleines, aber feines Liederbuch. Voller Musik. Nicht etwa weil es von Chopin und Sarasate singt, sondern weil es selbst singt und klingt [...] Und Melodie ist alles in diesem Buch. Ganz wunderbare Bilder, wie aus einer neuen Welt, wiegen Ohr und Herz in Wonnen.«

Hesses Freunde nahmen den Gedichtband begeistert auf, lobten und priesen ihn überschwänglich. Eberhard Goes schrieb ihm, die »Romantischen Lieder« seien ihm »zu einem großen Teil wie aus der Seele gesungen«, und Ludwig Finckh berichtet in seiner Autobiographie: »[...] als ich Hesses erstes Gedichtbuch, die ›Romanti-schen Lieder‹, in den Händen hielt und meiner Mutter brachte: ›Da lies! Das ist der größte deutsche Dichter, der heute lebt! Das kann kein anderer mehr.‹« An seinen Freund Hermann Hesse schrieb Finckh nach der Lektüre: »Lach mich nicht aus; ich hab' geweint um Dich vor Glück; es ist wunderbar, jedes einzelne Stück ein Schatz.« Doch der Erfolg war mäßig, bis Januar 1900 wurden von den 600 Exemplaren gerade mal 43 broschierte und elf ge-bundene Exemplare verkauft, 25 Freistücke abgegeben und 43 Besprechungsexemplare verschickt.

Der erste Prosaband: »Eine Stunde hinter Mitternacht«

Kaum waren die »Romantischen Lieder« erschienen, be-reitete Hermann Hesse einen kleinen Prosaband vor, dem eines der Lieder »Eine Stunde hinter Mitternacht« (»Wo nur der Wald und der späte Mond / Und keine einzige Menschenseele wacht, / Steht breit und groß ein weißes Schloß, / Nur von mir und meinen Träumen bewohnt.«) den Namen gab. Wieder hatte Hesse dem Band als Motto eine Strophe aus dem »Fremdling« von Novalis beigegeben, dieses Mal die zweite Strophe: »Streute ewiger Lenz dort nicht auf stiller Flur / Buntes Leben umher? Spann nicht der Frieden dort / Festes Weben? Und blühte / Dort nicht ewig, was Einmal wuchs?«

Auf Vermittlung und auf Wunsch von Helene Voigt, die seit 4. Juni 1898 mit dem Leipziger Verleger Eugen Diederichs verheiratet war und Hermann Hesse schon wenige Wochen nach ihrer Hochzeit mitgeteilt hatte, dass ihre Freunde auch ihres Mannes Freunde seien, übernahm Diederichs den Band in sein Verlagsprogramm. »Wegen der Schätzung, die ich Ihren schriftstellerischen Arbeiten entgegen bringe. Auch wenn ich offengesagt wenig Glauben an den geschäftlichen Erfolg des Buches habe, so habe ich desto mehr Überzeugung von seinem literarischen Wert«, teilte der Verleger am 4. April 1899 Hesse mit. Kaum zugesagt, wurde auch schon gedruckt, so dass Hesse bereits am 14. Juni seinem Vater zum 52. Geburtstag ein Vorausexemplar schenken konnte, das als »schlechte Lektüre«, »unrein« und »gottlos« in der Missionars-Familie allerdings eher Bestürzung denn Begeisterung auslöste: Der Vater »lag den ganzen Tag krank im Bett«, die Mutter hat das Buch »schnell durchgehastet und dann nachts nicht schlafen können«. Sie hielt einige Sätze für »so unanständig, dass kein Mädchen sie je lesen sollte«.

Auch Carl Sonnewald, Hesses Chef und Inhaber des »Heckenhauer«, hat – wie der Mitlehrling Adolf Kapp aus Rottenburg später erzählte – nicht gezögert, seine missbilligende Meinung auszudrücken, wobei es ihm weniger um den Inhalt als um Hesses Schriftstellerei überhaupt ging. Herr Hesse solle seinen Kopf mehr beim Geschäft haben, die Aufgabe eines Buchhändlers sei nicht das Bücherschreiben, sondern das Bücherverkaufen.

Die Kritik der Fachleute war allenfalls leidlich positiv, die wenigen Buchbesprechungen fielen eher zurückhaltend aus. Einige positive Signale meinte Rilke immerhin zu erkennen, dessen freundschaftliches Urteil lautete: »Es verlohnt sich wohl, von einem Buche zu reden, welches fürchtig ist und fromm von einer dunklen, betenden Stimme. Denn die Kunst ist nicht ferne von diesem Buch […] An seinen besten Stellen ist es notwendig und eigenartig. Seine Ehrfurcht ist aufrichtig und tief. Seine Liebe ist groß und alle Gefühle darin sind fromm: Es steht am Rande der Kunst.«

Beide Bändchen können sicher nicht als Meisterwerke angesprochen werden, aber – bleiben wir im Bild – als ein literarisches Gesellenstück, vorgelegt zu einer Zeit, in der sich auch die Buchhändlerlehre erfolgreich zu Ende neigte. In beiden Bänden, im Lyrischen wie in den Prosadichtungen, präsentiert Hesse eine Gegenwelt, eine romantische Traumpoesie voll Sehnsucht und Ferne, gerichtet gegen die Eintönigkeit seiner Geschäfts- und Erwerbswelt. In seinem literarischen Debüt schuf er sich ein »Künstler-Traumreich«, eine »Schönheitsinsel«, ein Rückzugsgebiet »aus den Stürmen und Niederungen der

Tageswelt in die Nacht«, wie Hesse 1941 im Geleitwort einer Neuauflage selbst analysierte.

Die Gedichte und die Erzählungen quellen über von melodramatischer Selbstinszenierung, stecken voller Pathos und romantischer Verklärung, machen Anleihen bei anderen Dichtern, verwenden immer wieder literarische Versatzstücke, dennoch dokumentieren sie nicht nur das Ringen um Form und Inhalt und den unbändigen Willen des angehenden Buchhändlers, sich aus der beruflichen Eintönigkeit zu lösen und als Dichter Anerkennung und Erfüllung zu finden, sie zeigen auch das dichterische Talent, die poetische Begabung, lassen eine gewandte Wortgewalt aufblitzen.

Die Tübinger Jahre hatten Hesse in seinen Bemühungen, ein Dichter zu werden, einen großen Schritt vorangebracht. »Ich stehe am selben Pult im selben Zimmer, wie da ich Ihren ersten Brief beantwortete, und bin doch ein anderer«, schrieb er im November 1898 an Helen Voigt. Der Dichter war aufgebrochen. Der Weg lag vor ihm.

Tübingen im Werk Hesses

»Die ›Tübinger Spuren‹ in Hesses Werk bleiben zart«, heißt es im Marbacher Magazin von 1990. Und dennoch sind sie unübersehbar. In seinen Werken, insbesondere in den frühen, finden sich immer wieder Tübinger Personen, Erlebnisse oder Eindrücke verarbeitet. Oft sind es ganze Kleinigkeiten, nicht leicht zu dechiffrieren, manchmal werden die Orte oder Personen ziemlich unverblümt beim Namen genannt. Aus dem gut schwäbischen Namen Aberle eines befreundeten Tübinger Theologie-Studenten wird ein Aberchen, der Student Wilhelm Schönig, Mitglied der Tübinger Stiftsverbindung Wingolf, wird kurzerhand in Wilhelm Wingolf umgetauft, aus dem Tübinger Professor Thudichum wird ein Professor Drehdichum und Hesses Pseudonym Emil Sinclair ist von Hölderlins Freund Isaac von Sinclair entliehen.

Einiges, wofür es bisher noch keine Erklärung gibt, kann, sofern man im Tübinger Lebensabschnitt Hesses sucht, noch aufgedeckt werden. So ist mit der Witzgallschen Buchhandlung im »Novalis«, natürlich die Heckenhauersche Buchhandlung gemeint, gleichwohl ist der Name, wie immer behauptet oder vermutet wird, keineswegs Hesses Fantasie entsprungen. Das »Adreß- und Geschäfts-Handbuch« verzeichnet unter der Rubrik »Geschäfts- und Gewerbetreibende Tübingens« unter anderen eben auch eine »Witzgall, Buchändlers Witwe, Leihbibliothek«. Und wenn bei Hesse vom

Evangelischen Stift oder einer ähnlichen Einrichtung und der »Hölle« die Rede ist, so meint er damit eben nicht, wie man in dem ansonsten sehr verdienstvollen und unglaublich materialreichen Kommentar von Martin Pfeifer nachlesen kann, »den Heizraum in einem Kloster«, der »unter der Wärmekammer liegt«, den »meist einzigen erwärmbaren Raum in einem mittelalterlichen Kloster«, sondern, wie alle Stiftler seit Alters her, das Ephorat, das etwas separat neben dem klösterlichen Stift stehende Haus mit der Amtswohnung des Leiters der Einrichtung, dem so genannten Ephorus.

Und hätten die Rezensenten der 1901 in Basel erschienenen »Hinterlassenen Schriften und Gedichte von Hermann Lauscher« gewusst, dass Hermann Hesse sich in seiner Tübinger Zeit etwa in einem Brief an Richard Dehmel selbst schon als »junger Lauscher« bezeichnet hat, so hätten sie das Versteckspiel schnell aufdecken und die Urheberschaft Hesses erkennen können und nicht lange herumrätseln müssen.

Nachhaltig wirken in Hesses Werk seine Tübinger Leseeindrücke fort, seine Annäherung an Goethe, seine Zuneigung zu Novalis. Natürlich blitzt in Hesses Werk immer wieder auch die Rezeption Tübinger Dichter durch, die oder deren Werke für ihn fest mit der Universitätsstadt verbunden waren. Dazu zählen Ludwig Uhland und Eduard Mörike, vor allem aber immer wieder Friedrich Hölderlin, den er als Tübinger »gewissermaßen aus der Nähe« verehre, wie er im April 1899 Helen Voigt-Diederich anvertraute. Wie wichtig ihm gerade Hölderlin wurde, ist in den 1921 erschienenen Hassbriefen nachzulesen oder in seiner »Ode an Hölderlin«:

Freund meiner Jugend,
zu dir kehr ich voll Dankbarkeit
Manchen Abend zurück, wenn im Fliedergebüsch
Des entschlummerten Gartens
Nur der rauschende Brunnen noch tönt.

Als Hommage an Hölderlin ist auch der 1925 veröffentlichte Band »Hölderlin. Dokumente seines Lebens, Briefe, Tagebuchblätter, Aufzeichnungen gesammelt und herausgegeben von Hermann Hesse und Karl Isenberg« zu verstehen.

Als Schauplatz und Handlungsort ist Tübingen in das Werk Hesses vor allem durch zwei Erzählungen eingegangen. Zum einen durch »Die Novembernacht. Eine Tübinger Erinnerung«, die er in die Schrift »Hermann Lauscher« aufgenommen hatte, zum anderen in der 1914 erstmals veröffentlichten Novelle »Im Presselschen Gartenhaus«.

»Die Novembernacht. Eine Tübinger Erinnerung«

In der »Novembernacht« lässt Hesse zwei Freunde, den Kandidaten Otto Aber und den Dichter Hermann Lauscher, einen Gang durch Tübingens Altstadt unternehmen. Sie starten von der Platanenallee aus: »Über Tübingen hing eine schwarze, verwölkte Novembernacht. Sturm und Sprühregen klirrte und zitterte durch die engen Gassen, aufflackernde rote Laternenlichter glänzten trüb auf dem nassen Pflaster wider. Trüb und schwarz mit zwei, drei kleinen roten Fensteraugen lag das alte

Schloß wie ein halbschlafendes träges Untier auf seinem langen Hügel, Fetzen von Wolkenschleiern um die spitzen Dächer. In den großen ernsten Alleen standen die alten Kastanien, Linden und Platanen kahl und hager im Sturm wie eine trübselige Armee von Greisen. Blätterwirbel trieben über die feuchten Wege, faul und grau lagen die großen Herbstwiesen, an den Rändern da und dort wie eine windscheue Laterne zackig und roh beleuchtet. Der langgezogene Pfiff des letzten Reutlinger Zuges drang vom nahen Bahnhof durch die schwere Luft und paßte mit seinem heiseren, hinsterbenden Geräusch vortrefflich in die Tonart des Abends.«

Ihr Weg führte sie am Evangelischen Stift und dem Hölderlinturm jenseits des Flusses vorbei: »Die Ufer lagen tief in graue, traurige Ruhe gehüllt, und von den vielen hellen liederlauten Sommerabendfesten war keine Spur mehr geblieben, so wenig dem breiten, traurigen Stiftsgebäude noch eine Spur von den zahlreichen glänzenden Geistern anhing, die darin vor Zeiten schwärmerische, dämmernde Jugendsemester verlebten.«

Weiter ging es über die Neckarbrücke: »Aus der Kneipe der Burschenschaft klang lauter Chorgesang. Der Neckar strömte wild um den breiten Brückenpfeiler, auf dem raschen Wasser glänzten unruhig die Laternenlichter, schwarz und großartig reckte sich die Platanenallee in die Nacht. Vom Turm der Stiftskirche tönte das Stundenhorn, zackig und wechselvoll beleuchtet stand die malerische Häuserfront des hohen Neckarufers bis zum alten Stift hinab. Beide Freunde schwiegen, solange sie über die Brücke gingen. Vielleicht stieg beim Anblick der schönen nächtlichen Stadt, beim Rauschen des Neckars und Singen der Studenten in beiden das Erinnern an die kaum vergangenen Tage auf, da ihnen noch die eigentümliche, romantische Schönheit und Stimmung dieser Stelle ahnungsvoll und freudig ans Herz gerührt hatte.«

Danach stiegen die beiden »die steile Gasse zum Holzmarkt hinauf, gingen an der Stiftskirche vorüber, über die schmale Kirchgasse und den öden Markt« kreuz und quer durch die Stadt. Unterwegs reflektieren sie über das Studentenleben, kommen an verschiedenen Gasthäusern vorbei – »in der ›Steinlach‹ krepiert man am Wein, in der ›Silberburg‹ ist der Schorsch nimmer da, im ›Kaiser‹ säuft der ›Roigel‹, in der ›Sonn‹ ist's zu voll« –, bis sie schließlich im »Löwen« in der Kornhausstraße, »ein Meer von Schmutz«, Station machen und dort zwei Bekannte treffen. Einer von beiden, »Elenderle«, ist gerade zum dritten Mal durchs Theologie-Examen gefallen. Ein geheimnisvoller Fremder gesellt sich hinzu. Man unterhält sich. Gemeinsam geht's zum Billardspiel ins Gasthaus »Walfisch« in der Ammergasse 12 (heute Rebstock), von wo die beiden Freunde schließlich wieder alleine aufbrechen, weiterhin »durch die finsteren leeren Gassen« irren, beim »Schwarzwälder« in der Haaggasse landen und schließlich – drei Uhr hat es längst geschlagen – die »steile Judengasse hinab« durch die Schmiedtorstraße nach Hause gehen wollen. Doch die Nacht endet »bei der alten Ammerbrücke«, wo sie auf den am Boden liegenden »Elenderle« stoßen: »›Der ist bös gefallen!‹ seufzte Aber. Da klirrte etwas am Boden. Aus der starren Hand Elenderles war ein Revolver gefallen, und nun sahen die Freunde auch an der rechten Schläfe eine kleine schwarze Wunde.« Als dann gar noch der Fremde auftauchte und die »Freunde grinsend aus den frechen Augen eiskalt und höhnisch anblitzte«, erschraken beide »bis ans Herz und rannten durch die Nacht davon«.

Die Stadt Tübingen, ihre Straßen und Gassen, ihre Gasthöfe und Studentenwohnheime bilden die Kulisse der Geschichte. Doch auch bei seinen Personen orientiert sich der Autor an der Tübinger Wirklichkeit, auch sie entspringen seiner Tübinger Welt. Aber oder Elenderle sind keine Fantasiegestalten. Selbst die Handlung geht in ihrem Kern auf eine wahre Begebenheit zurück.

Der Kandidat Otto Aber, von Hermann Lauscher in der Erzählung schon auch mal Aberchen genannt, ist Otto Aberle (1874–1904), ein Theologie-Student, der etwas später als bei seinem Jahrgang üblich im Frühjahr 1898 sein Examen ablegte und schon 1904 starb, bevor er eine Pfarrstelle antreten konnte. Hesse hat ihn und seine Studien-Situation in zwei Briefen an seine Eltern erwähnt. So schreibt er am 9. Mai 1897 nach Hause: »Ich gehe jetzt mit Aberle, der arbeitet und nimmer trinkt, um noch eine Limonade zu nehmen und eine Partie Billard zu machen [...] Übrigens freut es mich, diesen verbummelten Studio nun seit zwei bis drei Wochen solide und leidlich fleißig zu sehen.«

Der durchs Examen gefallene Elenderle ist niemand anders als Paul Eberhard (1877–1898), ein Mitschüler Hesses in Maulbronn, über dessen Tod und Begräbnis er Helene Voigt am 8. März 1898 mitteilt: »Eben [...] klang von der Straße der Trauermarsch zu mir herein, der einen meiner Bekannten, einen Selbstmörder, zum Kirchhof begleitet. Der arme Mensch war Student und wurde mit aller akademischen Feierlichkeit beerdigt. Mich haben selten fremde Schicksale so ergriffen.« Auch in seinem Basler Tagebuch von 1900 bezieht sich Hesse auf »jene ärgerliche Nacht im Tübinger ›Walfisch‹«, in der sich sein »Jugendfreund Elenderle« erschossen hat.

Viel später, 1956, hat Hermann Hesse dieses Erlebnis noch einmal aufgegriffen, in Worte gegossen und unter dem Titel »Der Trauer-

Paul Eberhard (1877–1898)

marsch. Ein Gedenkblatt« veröffentlicht. Hier findet man auch die Erklärung, warum ihn das Schicksal des jungen Studenten damals so beschäftigt und nie mehr losgelassen hat: »Ich sehe ihn eher groß von Gestalt, hager und etwas eckig.« Sein »Blick, zusammen mit jener seltsam gespannten Haltung, hätte für schüchtern gelten können, war es aber nicht, es fehlte ihm gar nicht an Selbstbewußtsein – nein, er war nicht schüchtern, nur etwas scheu und alt, sehr fremd, sehr ausweichend und auf der Hut vor Zudringlichkeiten aus einer Welt, in die der junge ernste Mensch offenbar nicht recht paßte, in der er nicht heimisch werden konnte noch wollte. [...] Seine Fremdheit, Einsamkeit und Gefährdung weckte nicht nur etwas Mitleid in mir, sie war mir unterhalb oder oberhalb des Rationalen verständlich, weil sie als Ahnung und Möglichkeit auch in mir vorhanden war.«

»Im Presselschen Gartenhaus«

Die zweite Erzählung, »Im Presselschen Gartenhaus«, 1913 geschrieben, erstmals 1914 in »Westermanns Monatsheften« erschienen, trägt den Untertitel »Eine Erzählung aus dem alten Tübingen«. Entsprechend ist ihr Beginn: »Es war in den zwanziger Jahren des vorigen Jahrhunderts, und wenn die Weltläufte damals andere waren als heute, so schien doch die Sonne und lief der Wind nicht anders über das grüne, friedvolle Tal des Neckars als heute und gestern. Ein schöner, freudiger Frühsommertag war über die Alb heraufgestiegen und stand festlich über der Stadt Tübingen, über Schloß und Weinbergen, Neckar und Ammer, über Stift und Stiftskirche, spiegelte sich im frischen, blanken Fluße und schickte spielende, zarte Wolkenschatten über das grellsonnige Pflaster des Marktplatzes.«

Im Mittelpunkt der Geschichte steht ein nachmittäglicher Ausflug, den die beiden Freunde und Stiftsstudenten Wilhelm Waiblinger und Eduard Mörike zusammen mit dem kranken Friedrich Hölderlin auf den Österberg unternehmen.

»Sie stiegen an hübschen buschigen Gartenhängen und Weinbergmäuerchen vorbei den sonnigen Österberg hinan. Voraus ging stattlich die kraftvolle Gestalt Waiblingers, welcher längst aus Erfahrung wußte, dass Hölderlin niemals vorangehen und einer Führung bedürfe. Dieser schritt langsam und ernsthaft, den Blick meist am Boden, und neben ihm ging der zarte Mörike her, gleich seinem Kameraden schwarz gekleidet. In den Ritzen der Rebbergmauern blühte da und dort blauroter Storchschnabel und weiße Schafgarbe, davon riß Hölderlin zuweilen einige Stengel ab und nahm sie mit. Die Hitze schien ihn nicht anzufechten, und als sie oben haltmachten, blickte er befriedigt um sich.

Hier stand das chinesische Gartenhäuschen des Oberhelfers Pressel, das im Sommer stets an Studenten abgetreten wurde und jetzt schon längerer Zeit, solange es die Witterung erlaubte, tagsüber von Waiblinger bewohnt wurde.«

Hesse verarbeitet in seiner Erzählung historisch genau Aufzeichnungen von Waiblinger, der ab 1823 zeitweilig auf dem Österberg ein Gartenhaus bewohnte, das ihm der Stiftsdiakon Gottfried Pressel (1789–1849) zur Verfügung gestellt hatte. Verbürgt ist auch, dass Mörike, mit Waiblinger eng befreundet, diesen dort wiederholt besuchte und dass Waiblinger Hölderlin mehrfach im Turm abgeholt und mit zu seinem Gartenhaus genommen hat. So schreibt er am 7. Juli 1823 an Ludwig Uhland: »Dieser Wahnsinnige, wie er in meinem Gartenhaus am Tisch sitzt, ist mir oft mehr, ist mir oft näher, als Tausende, die bey Verstande sind.«

In guter Vertrautheit mit den überlieferten Gegebenheiten malt Hesse in seiner Dichtung ein treffliches Bild der beiden Freunde, von deren Verhältnis zu Hölderlin und von den Lebensumständen des kranken Dichters. Zudem beschreibt er anschaulich und sicher das Evangelische Stift, das Haus des Schreinermeisters Zimmer, in dem Hölderlin untergebracht war, die dortige Atmosphäre, den Schreinermeister und seine Tochter, schließlich den Weg vom Hölderlinturm unten am Neckar hoch zum Gartenhaus auf dem Österberg und zurück. Weiter

Blick vom Lustnauer Tor auf das Presselsche Gartenhaus auf dem Österberg

schildert er das Gartenhaus, den Blick in die Landschaft und auf die Stadt Tübingen, »die mit rauchenden Kaminen und schräg besonnten Dächern bescheiden und eng um die mächtig ragende Stiftskirche her gedrängt lag.«

Dabei kontrastiert er in atmosphärischer Dichte die beiden grundverschiedenen Charaktere, den genialisch-aufbrausenden, ungestüm-hochfahrenden und unsteten Waiblinger mit dem eher zart-besonnenen, behutsam-zaudernden und stillen Mörike. Er beschreibt eine Freundschaft ähnlich der in »Unterm Rad«. Das verbindende Element aller drei – Waiblinger, Mörike und Hölderlin – ist die »typische Stiftlerneurose«, jene »elende, lumpige Stiftlerangst«, sich das Rückrat zu brechen oder hinausgeworfen zu werden, jene Angst, die schon das Leben in den aufs Stift vorbereitenden Klosterschulen beherrschte und die auch Hesse in Maulbronn kennen gelernt und erlitten hatte. Wer die Laufbahn – Landexamen, Klosterschule, Stift, Pfarramt – beschritt, für den gab es kaum noch eine Alternative als diese auch bis zum Ende zu gehen. Und das bedeutete in erster Linie: Anpassung, Gehorsam, Unterordnung.

Die Vorbereitung aufs Pfarramt begann in ummauerten, klösterlichen Schulen, fand seine Fortsetzung im nicht weniger abgeschlossenen Tübinger Stift. In all diesen Studienanstalten herrschte eine strenge Hausordnung, galten genaue Kleidervorschriften, bestimmte ein minutiöser Zeitplan den Tagesablauf, wurden die Studien reglementiert, Bücher zensiert. Und wer gegen diese Gleichmacherei, Strenge und Disziplin aufbegehrte, wer gegen den Stachel löckte, der galt als gescheitert, wurde relegiert, davongejagt. »Wer im Lande etwas werden will, der muß im Stift gewesen sein. Wer außerhalb des Landes etwas werden will, muß aus dem Stift geflogen sein. Tertium non datur« (etwas Drittes gibt es nicht), meinte der württembergische König Wilhelm II. Doch er irrte. Es gab noch etwas anderes, nämlich die Gescheiterten, diejenigen, die – aufklärerisch, revolutionär, liberal – an den Klosterseminaren und am Stift zerbrochen sind.

Beide, Waiblinger und Mörike, wurden in ihrer Studienzeit mit dieser Frage, Anpassung oder Widerstand, Pfarrherr oder Dichter, konfrontiert. Hesse fokussiert diese Zerreißprobe, die ja auch seine gewesen war, auf den Nachmittag im Gartenhaus. Unverblümt weist er auf die Gefahr hin, die mit dem Ausbruch, dem unangepassten Weg des freien Dichters verbunden ist. »War es wirklich das Schicksal der Dichter«, lässt er Mörike überlegen, »daß ihnen keine Sonne scheinen konnte, de-

ren Schatten sie nicht in der eigenen Seele sammeln muß-
ten?« Und gewissermaßen als Antwort führt er dessen
Gedanken mit Blick auf den kranken Friedrich Hölderlin zu der Erkenntnis: »Seinen Willen nun hat jener
durchgesetzt, aber er hatte die besten Kräfte dabei ver-
braucht! Und wie hatte die Welt den untreu gewordenen
Stiftler, den zartherzigen, schüchternen Dichter empfan-
gen! Nichts war ihm geworden als Armut, Demütigung,
Hunger, Heimatlosigkeit, bis er aufgerieben war und der
jahrzehntelangen Krankheit verfiel, welche weniger ein
Wahnsinn zu sein schien, als eine tiefe Ermüdung und
hoffnungslose Resignation des verbrauchten Geistes und
Herzens.«

Hesse erweist sich in der Schilderung als ein Meister
feinster sprachlicher Modulation, er komponiert mit
ausgewählten Lauten zarte Tönen, zeigt sich sprachge-
waltig in der Handhabung einer subtilen und romantischen Darstellungskunst: »Die tiefer gerückte Sonne
strahlte wärmer und farbiger am Gebirge wider, im Tal
fuhr ein langes Floß aus Tannenstämmen den Fluß ab-
wärts, Studenten saßen darauf, schwangen blitzende
Trinkkelche im Sonnenlicht und sangen ein kräftig fro-
hes Lied, daß es bis in diese stille Höhe heraufschallte.«

Friedlich, fast heiter scheint der Nachmittag auszu-
klingen. Hölderlin wird von Lotte Zimmer abgeholt und
die beiden Freunde ergötzen sich an einem von Mörike
inszenierten vergnüglichen Rollenspiel. Doch der Glo-
ckenschlag der Stiftskirchenuhr brachte sie jäh in die
Wirklichkeit mit deren drohenden Zukunftsaussichten
zurück, über deren Verlauf Hesse seinen Leser im knap-
pen Abspann seiner Novelle informiert: »Nicht lange

nach dieser Zeit mußte Wilhelm Waiblinger das Stift und Tübingen verlassen. Ihm war beschieden, das Glück und das Elend der Freiheit in raschen durstigen Zügen zu trinken und früh zu verlodern. [...] Mörike blieb im Stift. [...] Nach mißglückten Versuchen in der Welt und hoffnungslosen Kämpfen mußte er endlich doch zu Kreuze kriechen. Aber wie er niemals ein ganzer Pfarrer wurde, so ist ihm nie ein ganzes Leben und Glück zuteil geworden. [...] Friedrich Hölderlin blieb in seinem Tübinger Erkerzimmer und hat noch gegen zwanzig Jahre in seiner toten Dämmerung dahingelebt.«

In dieser Erzählung erfasste Hesse nicht nur historisch richtig und in »bewundernswerter Einfühlungsgabe« die Krisis, die Gedanken, die Charaktere und das Schicksal der drei schwäbischen Dichter und reflektierte deren Zeit und Schicksal mit seinem eigenen Dichterschicksal, seinem Werdegang, seinen Hoffnungen und Sehnsüchten, seinen Zweifeln und Ängsten. Er bediente sich hier darüber hinaus, wie Bernhard Zeller formulierte, »eines ihm wohl vertrauten historischen Stoffes, um gleichsam in ihm verborgen seine Gedanken über das Wesen des Dichters und Dichtens zum Ausdruck zu bringen.« Hesses Freund und Biograph Hugo Ball nannte die Erzählung »des Dichters schönste Novelle«.

Spuren

Wer Hesses Werk durchblättert wird darin noch zahlreiche weitere Spuren Tübinger Reflexionen, Erinnerungen, Zitate entdecken können. So spielt etwa auch die

1940 für die Vereinigung Oltner Bücherfreunde erschienene Erzählung »Der Novalis. Aus den Papieren eines Altmodischen« zu einem großen Teil in Tübingen. Auf die darin beschriebene »Witzgallsche Buchhandlung« wurde weiter oben schon aufmerksam gemacht. Der Kandidat Rettig wohnt in der Neckarhalde 8: »Sein Fenster blickte über Stift und Hölle hinweg auf die Alleen und die sanften Bergzüge der Alb.« Beherrscht wird er von der »Sorge um das in diesem Semester bevorstehende Examen« und vom »Vorgefühl des Abschieds von Tübingen, an den er mit Qualen dachte«. Rettichs Freund Theophil Brachvogel hatte im Sommermonat August, der »in den engen, gepflasterten Gassen der Stadt glühte«, eine »Bude« in der Münzgasse.

Auch die »Schwäbische Parodie« über »Knörzelfingen«, jedem »schwäbischen Schulknaben aus der Heimatkunde wohlbekannt«, bezieht Tübingen und Tübinger – Ludwig Uhland – mit ein. An deren Schluss nimmt Hesse gar die Tübinger Universität auf den Arm: »Meine kleine Schrift über Knörzelfingen gedenke ich der hochverehrten, angeblich von Knorz dem Ersten gestifteten Universität zum Zweck der Erlangung der Rektorwürde vorzulegen, doch bleibt die Wahl der Fakultät noch weiteren Überlegungen vorbehalten.«

In der späten Prosa, etwa im »Schulkamerad Martin«, sowie in mehreren »Gedenkblättern« finden Tübingen, die Zeit der Buchhandelslehre oder Tübinger Episoden Erwähnung. So im »Nachruf für Christoph Schrempf« oder »Beim Einzug in ein neues Haus«, in dem er seine Wohnsituation in Tübingen ausmalt, sein Tübinger Zimmer in Worten nachzeichnet, und natürlich im schon erwähnten »Trauermarsch«, in dem es heißt: »Da stand ich eines Tages im Heckenhauerschen Laden und ordnete einen Stoß Teubnerscher Klassiker nach dem Autorenalphabet, und es war ein besonderer Tag: Ein Student sollte heute begraben werden, und nicht ein beliebiger, sondern ein Maulbronner Schulkamerad von mir, ein Student also, den ich als Knaben gekannt und auch hier in Tübingen noch gelegentlich gesehen und gesprochen hatte.«

Ja, selbst im »Glasperlenspiel« lassen sich Tübinger Erfahrungen und Bezüge finden, worauf Hesse schon bei der Entstehung des Werkes aufmerksam machte. So schrieb er 1934 an seine Schwester: »Unter anderem soll das Buch mehrere Lebensläufe des selben Mannes enthalten, der zu verschiedenen Zeiten auf Erden lebte. [...] Eine der späteren Existenzen wird die eines schwäbischen Theologen aus der Zeit Bengels und Oetingers sein.« Und im Werk selbst erzählt Hesse, dass Magister Josef Knecht, der Meister des Spiels, der Homo ludens, einst »als schwäbischer Theologe auftreten« wollte, der »ein Schüler« Johann Albrecht Bengels (1687–1752) und »ein Freund« Friedrich Christoph Oetingers (1702 bis 1782) war, beide Tübinger Stiftler und Theologen, ja, »daß er für die Gestalt des magischen Prälaten Oetinger eine richtige Verliebtheit, für die des Magister Bengels eine echte Liebe und tiefe Verehrung empfand«.

Nachhall

Die Episode mit den Knallfröschen

Auch nach seinem Wegzug hatte Hesse über Verwandte und Freunde vielfältige Kontakte nach Tübingen. Seine Besuche dort waren allerdings kurz und selten. Das erste Wiedersehen mit der Universitätsstadt erfolgte 1906. Freunde, die Hesse als Mitherausgeber für eine geplante Zeitschrift »Süddeutschland. Halbmonatschrift für deutsche Kultur« (später umbenannt in »März«) gewinnen wollten, fuhren mit ihm von Gaienhofen über Tübingen und Augsburg nach München.

In Tübingen kam die Gesellschaft, zu der der Schriftsteller Ludwig Thoma (1867–1921), der Redakteur des »Simplicissimus« Reinhold Geheeb (1872–1939), der Maler Rudolf Sieck (1877–1957) sowie der Verleger Albert (1869–1909) gehörten, am Abend des 1. Mai an und stürzte sich, kaum hatte man Quartier bezogen, in das heitere Mai-Begrüßen. Dabei trug sich jene »Episode mit den Knallfröschen« zu, die Korfiz Holm in seinem 1932 erschienenen Buch »ich – kleingeschrieben. Heitere Erlebnisse eines Verlegers« publizierte.

Sie sei zwar »schnoddrig und etwas süffisant erzählt«, aber tatsächlich wahr, meint dazu Hermann Hesse in einem Brief an Otto Hartmann 1948 und beschreibt selbst die Vorgänge so: »Die Studenten machten Umzüge, und die ganze Stadt war voll Fidelität und Lärm. Den vermehrte nun Thoma durch seine Frösche. Er war Meister darin, die Bürger und namentlich die Polizei zu hänseln. In nächster Nähe des schon misstrauisch gewordenen Polizisten, der uns beobachtend folgte, ließ er immer wieder einen Frosch los, er wurde an der Zigarette angezündet und vorsichtig fallen gelassen. Ich wollte es auch probieren, wurde aber beim zweiten oder dritten Frosch vom Schutzmann gestellt, musste meine Personalien angeben und wurde von Thoma sehr ausgelacht, der aber versicherte, er werde mich schon rächen und die Polizei lange auf den Beinen halten. Das tat er auch, und als längst alles still war und wir im Hotel (Traube?) in unsern Zimmern waren, explodierte noch lange Zeit immer wieder ein Frosch auf der Straße, den er durch die Jalousien aus seinem nicht beleuchteten Zimmer warf. Ich bekam dann etwas später nach Gaienhofen einen Strafbefehl, 10 oder 20 Mark, glaube ich, die ich gerne bezahlte.«

Auf Lesereise 1929

Der nächste und zugleich letzte Besuch Hesses in Tübingen erfolgte 23 Jahre später im November 1929 anlässlich einer Lesereise durch Württemberg. Er war eigens einen Tag vor seiner Lesung, die auf den 5. November terminiert war, angereist, um nach so langer Zeit »dort einige Ecken wiederzusehen« und alte Freunde zu treffen. Seine Eindrücke waren allerdings eher ernüchternd. Nicht nur dass er inzwischen Reisen, Dichter- und Lesereisen insbesondere, »grässlich« fand, zudem von Gesundheitsproblemen geplagt wurde, die er mit Opiaten bekämpfte, nun wurde ihm alles, wie er über die am Tag darauf erfolgte Stuttgarter Lesung schreibt, »eine große Enttäuschung«: »Man liest seine Gedichte vor, mit dem Äußersten an Konzentration, kriegt dann ein wenig auf die Schultern geklopft, und dann kann man den anderen zusehen, wie sie Schnitzel und Bratwurst fressen und sitzt so fremd und entbehrlich dazwischen, dass einem das innerste Herz friert.«

In der Tübinger Presse kam allerdings ein längerer, eher positiver Bericht über die Lesung, die wegen des großen Zuspruchs vom Uhlandsaal in den Schillersaal des Museums verlegt werden musste: »Der Saal und die Galerien waren voll besetzt, vor allem die Jugend, die studentische Jugend war überaus zahlreich vertreten. Freundliche Zuneigung begrüßte den Dichter, als er, hochgewachsen von Gestalt, mit den durchgeistigten Zügen in seinem schmalen Gesicht, vor dem Vorhang erschien. […] Die still lauschenden Menschen im Saale erlebten eine seltene Feierstunde in dem Lande des Dichters. […] Fern aller Ueberschwenglichkeit fließt seine schlichte Rede dahin, wie ein tiefer Fluß, dessen klare Wasser man bis auf den Grund durchschaut und seine Worte folgen einander gemach, oft schwer und bedeutsam wie die Wellen des Stroms […] Es war eine Stunde, die des Dichters Freunde noch enger an sein Herz geschlossen und die anderen, die nicht allüberallhin mit ihm gehen, ihn doch verstehen gelehrt.«

Eine Erklärung dafür, warum Hesse Tübingen so selten besucht, ja fast gemieden hat, findet man möglicherweise in einem Brief an Ludwig Finckh aus dem Jahr 1919, in dem er unter anderem schrieb: »Die sagenhaften

Das Hotel Traube in der Wilhelmstraße, in dem Hesse bei seinen Tübingen-Besuchen übernachtete

Zeiten von Tübingen und Kirchheim. Das ist so fern und schön, wie hinter Glas. […] Ein Mensch kann sich wandeln und doch seiner Jugend treu sein. Dorthin zurück zu wollen, wo es einst so schön war, ist kindisch. Ich habe mein halbes Leben in unfruchtbarem Heimweh nach meiner Jugend verbracht und redlich meinen Beitrag zur deutschen Sentimentalität geleistet. Jetzt gehe ich andere Wege.«

»Ihr habt also von allem und allem nichts gewusst!«
Erfahrungen zur und nach der NS-Zeit

Doch auch wenn Hesse nach seiner Lehrzeit nur noch zwei- oder dreimal Tübingen besucht hat, blättert man seinen Briefwechsel durch, so findet man darin Tübingen immer und immer wieder erwähnt. Auffallend ist allerdings ein Bruch während der Zeit der nationalsozialistischen Herrschaft, die Korrespondenz mit den alten Tübinger Freunden wurde immer spärlicher und versiegte schließlich fast ganz. Das ist kein Wunder, wenn man bedenkt, wie Ludwig Finckh, einer der ältesten und zeitweilig besten Freunde, der nach eigenen Worten (1936) ihn immer noch liebte »wie einen Bruder«, nun über ihn urteilte, Hesses Pazifismus und antinationale Haltung auf seine Abstammung – Großmutter Welschschweizerin, Vater Balte – zurückführte und ihn schließlich wegen seiner »unseligen Haltung«, die sich auch in seiner Schweizer Staatsangehörigkeit ausdrücke, abkanzelte: »Denn dass es verkehrt ist, sich juristisch als Ausländer zu bekennen anstatt zum Blutsvaterland zu halten, das hätte er fühlen müssen.«

Nicht immer ganz ungetrübt waren in der NS-Zeit auch seine Beziehungen zum Tübinger Verleger Hermann Leins, der ihm »ziemlich kaltschnäuzig«, wie Hesse empfand, mitteilte, er müsse das von ihm und seiner Schwester Adele 1930 herausgegebene Buch »Zum Gedächtnis unseres Vaters« makulieren, da es ihm in seinem Lager Platz wegnähme, den er für »Wichtigeres und Gangbareres« benötige. Dieser Ärger setzte sich in der Nachkriegszeit noch fort, als Leins das Gedächtnisbuch ohne Rückfrage 1947 in seinem Tübinger Rainer Wunderlich Verlag wieder auflegte und darüber hinaus, »ohne sich mit einer Zeile« an Hesse zu wenden, den Druck einer Auswahl von Hesses Werken »Gerbersau« plante, in deren Mittelpunkt dessen Heimat stehen sollte. Realisiert wurde diese Idee dann doch noch: 1949 erschien bei Wunderlich unter Einschluss der in Tübingen spielenden Erzählungen und mit einem Vorwort von Hermann Hesse die zweibändige Ausgabe von »Gerbersau«.

Zu den positiven Tübinger Erinnerungen zählte bei Hesse wohl die Tübinger Universitätsbibliothek. Zumindest hätte er sie im Zusammenhang mit seinen Recherchen zum »Glasperlenspiel« gerne in seiner Nähe gehabt, vor allem was das Thema Pietismus betraf. So bat er im März 1934 seine Schwester Adele, sie solle sich doch einmal erkundigen, ob er in der Tübinger Universitätsbibliothek, die besser bestückt sei als die Züricher, Bücher ausleihen könne. Vielleicht fände sie jemand, der ihm »den Gefallen tun« könne, nach seinen Angaben ältere Literatur zu suchen, insbesondere zum Leben und Wirken der schwäbischen Theologen Johann Albrecht Bengel und Friedrich Christoph Oetinger. Vielleicht könne auch jemand als sein Vertrauensmann Bücher für ihn bestellen.

Auch mit seinem Bruder Dr. Karl Isenberg korrespondierte er in dieser Angelegenheit und bat ihn, die Schlagwortkataloge der Universitätsbibliothek durchzuschauen nach Stichworten wie »württembergischer Pietismus und Gemeinschaften – Orgel und Organistenwesen«. Zudem solle er ihm melden, »falls Du darüber etwas erfahren kannst«, wie denn zu Bengels Zeiten das

Verhältnis der Klosterschulen zu Tübingen war. Karl hatte nach dem Maulbronner Seminar von 1888 bis 1893 in Tübingen Philologie und Mathematik studiert, war dann in den höheren Schuldienst gegangen. Er hatte als Gymnasialprofessor in Ellwangen und Ludwigsburg gelebt und war nun nach seiner Pensionierung nach Tübingen gezogen.

Umso schmerzlicher traf Hesse dann 1937 die Nachricht aus Tübingen, dass sein 1869 geborener Stiefbruder, »er war der gesundeste und heiterste von uns allen«, dort am 29. März überraschend verstorben ist und auf dem Lustnauer Friedhof begraben wurde. Mit Karl hatte Hesse ein intensiver Briefwechsel verbunden. Er war auch der Erste gewesen, der, wie schon beschrieben, eines seiner Gedichte vertont hat.

Das Stichwort »Tübingen« findet man in Hesses Briefen und Publikationen in einer größeren Zahl erst wieder nach dem Zweiten Weltkrieg. Ja, im zunehmenden Alter vermehren sich die Reminiszenzen an die Stadt seiner Lehrzeit, wird ein lebhaftes Interesse an dem, was dort geschah oder geschieht, bemerkbar. »Erinnerungen an Tübingen sind mir immer willkommen«, schreibt er 1959 an seinen einstigen Göppinger Schulkameraden Karl Dettinger, wobei sich manche eigene Erinnerung im Altersabstand wohl auch verklärt hat. Davon ist allerdings in der unmittelbaren Nachkriegszeit noch nichts zu spüren.

Mit Genugtuung notierte er nach dem Ende der NS-Herrschaft im Oktober 1945 über einen »netten Brief« aus Tübingen von Wilhelm Schussen (1874–1956), den er aus seiner Gaienhofener Zeit kannte und der seit den dreißiger Jahren in Tübingen lebte: »Die Mergenthalerstraße, wo er wohnte, heißt jetzt brav Ebertstraße.« Die Friedrich-Ebert-Straße war am 4. Mai 1933 auf Gemeinderatsbeschluss nach Christian Mergenthaler, einem führenden württembergischen Nationalsozialisten, nach der Gleichschaltung der Länder württembergischer Ministerpräsident, umbenannt worden.

Schonungslos fragt Hesse seinen Gaienhofener Schriftstellerfreund Schussen aber auch nach seiner »braunen Vergangenheit« und nach seiner »Vergangenheitsbewältigung«: »Über Ihren Brief war ich gerührt aber auch erschrocken. Ihr habt also von allem und allem nichts gewusst! Nicht, dass Hitler durch seinen Münchner Putsch in seiner Gefährlichkeit bloßgestellt war, nicht dass er von Euren ›republikanischen‹ Behörden statt bestraft, verhätschelt wurde. [...] Und dann von 1935 an, konnte man in Eurem Land an keinem Kurort vorbeifahren, ohne große Tafeln zu lesen ›Juden unerwünscht‹, von dem überall angebrachten ›Juda verrecke‹ zu schweigen, aus dem jeder Nichtblinde die nahenden Pogrome ablesen konnte. [...] Dass auch ein Mann wie Sie blind und ahnungslos bleiben konnte, ist von hier draußen einfach unfasslich. [...] Die Mehrzahl meiner Freunde in Deutschland wussten Bescheid, und manche sind gleich 1933 emigriert, andre in den Folterkammern der Gestapo verschwunden, so wie die Angehörigen und Freunde meiner Frau fast ohne Ausnahme in Himmlers Gasöfen in Auschwitz etc. verschwanden. Und Ihr habt von alledem nichts gewusst! Man glaubt es Euch natürlich nicht.«

Um einiges milder äußerte er sich über seinen einstigen Freund Ludwig Finckh in einem Brief an Edmund

Natter: »Vermutlich war es der Ahnen- und Familien-fimmel, der den guten, armen Finckh damals zu einem richtigen Nazi hat werden lassen: Schwamm darüber.«

Hellen Hesse am Tübinger Landestheater

Andere Erinnerungen mögen in Hesse aufgestiegen sein, als im August 1951 seine 1929 geborene älteste Enkelin Hellen, genannt Bimba, Tochter seines Sohnes Heiner aus erster Ehe, »im alten Tübingen« – wie er die Stadt Walter Haußmann gegenüber betitelte – ihr erstes Enga-gement als Schauspielerin am Landestheater von Würt-temberg-Hohenzollern (heute LTT) antrat. Hellen, die schon im Alter von vier Jahren in Zürich in einem Stück von Pirandello aufgetreten war, hatte die Rolle der Marie in Büchners »Woyzeck« übernommen.

Da Hesse, der mehrere Leute auf die Rolle seiner En-kelin aufmerksam gemacht hatte, damals gerne »von ir-gendjemand ein Wort« darüber gehört hätte, »welchen Eindruck Bimbas Spiel macht«, ihm aber niemand diesen Wunsch erfüllte, sei dies hiermit nachgeholt. Am 5. De-zember 1951 wird im »Schwäbischen Tagblatt« über die Premiere vom 3. Dezember berichtet und dabei auch kri-tisiert: »Die Marie von Hellen Hesse trägt um ein paar Nuancen zu viel Feierlichkeit mit sich, sie müßte die na-türlichen Bewegungen, das ›heiße‹ Blut stärker verdeutli-chen. Daß ein solches Naturkind auch fromm ist und sich am Wendepunkt der evangelischen Ehebrecherin er-innert und schreiend um Erbarmung über den Stuhl fällt, kam wie eine Art Schock.«

Spät erst hat man sich in Tübingen an Hesse erinnert. Während man 1947 in Calw dem im Jahr zuvor mit dem Nobelpreis für Literatur Gewürdigten immerhin zu seinem 70. Geburtstag das Ehrenbürgerrecht verlieh, dauerte es in der Universitätsstadt noch Jahre, bis man offiziell des »großen« Sohns gedachte. Zwar hat schon im Mai 1946 der damalige Staatsrat Karl Schmid, später unter dem Namen Carlo Schmid einer der bedeutendsten Politiker der jungen Bundesrepublik Deutschland, dem Tübinger Oberbürgermeister vorgeschlagen, eine Straße nach Hermann Hesse zu benennen: »Dieser Mann, der seine Laufbahn in Tübingen bei Heckenhauer begonnen hat, scheint mir doch gerade in unserer Stadt eine Ehrung verdient zu haben. Kaum einer der bedeutenderen Schriftsteller Deutschlands hat sich so konsequent für die Idee des Friedens eingesetzt.« Eine Realisierung dieser Idee unterblieb jedoch.

Jahre vergingen, bis es 1954 im Tübinger Gemeinderat endlich zum Beschluss kam, wenigstens eine Gedenkplatte an Hesse am »Heckenhauer« anzubringen. Professor Theodor Haering d. J., Sohn des Theologieprofessors, der Hesse einst an seinen »Offenen Abenden« Gastfreundschaft geboten hatte, wurde beauftragt, in Montagnola die Zustimmung zu dem Tübinger Vorhaben einzuholen. Postwendend antwortete Hesse, den solche späten Ehrungen nach eigenen Worten eher kalt ließen, »Friedenspreise und Gedenktafeln decken mich zu«, am 22. Oktober 1954:

Sehr geschätzte Herren vom Tübinger Gemeinderat!

Herr Professor Haering hat mir mitgeteilt, dass Sie, mein Einverständnis vorausgesetzt, die Absicht haben, an der Heckenhauerschen Buchhandlung eine Tafel anzubringen, die an meine Tätigkeit in diesem Hause in den Jahren 1895 bis 99 erinnert. Ich habe nichts dagegen und bitte Sie nur, die Tafel klein, bescheiden und unauffällig zu gestalten.

Mit ergebenen Grüßen Ihr

Hermann Hesse

Doch damit nicht genug, ein Jahr später wollte man in Tübingen nun auch an seiner einstigen Wohnstätte an ihn erinnern, was Hesse eher augenzwinkernd kommentierte: »Komische Sachen verlangt jeden Tag die Post von mir. Heute muss ich, zwecks Gedenktafel, dem Kulturamt von Tübingen die Hausnummer meiner Wohnung anno 95 angeben, und einer Dortmunder Schülerin beim Aufsatz über Siddhartha helfen.«

Hätte Hesse geahnt, dass die im Schreiben des Theodor Haering von 1954 avisierte Tafel bei Heckenhauer noch gar nicht angebracht war, ja deren Anbringung noch beinahe zehn Jahre würde auf sich warten lassen, wäre das »Augenzwinkern« wohl anders ausgefallen. Tatsächlich installierte die Stadtverwaltung eine Erinnerungstafel am Gebäude Herrenberger Straße 28, dem einstigen Wohnort, unmittelbar nach der Anfrage, doch bei der Heckenhauerschen Buchhandlung erst an Hesses erstem Todestag, dem 9. August 1963. Schließlich, so kann man im »Schwäbischen Tagblatt« vom folgenden Tag nachlesen, wolle die Stadt Tübingen bekunden, dass sie »sich ihrer Verpflichtung bewußt ist, die Erinnerung an all die großen Geister, die irgendwie mit ihr in Verbindung stehen, zu pflegen. Daß Hermann Hesse einer der bedeutendsten von ihnen ist, bedarf keiner Betonung.«

Späte Reminiszenzen des Dichters an Tübingen

Eines der letzten Schriftstücke Hesses, nur wenige Wochen vor seinem am 9. August 1962 erfolgten Tod geschrieben und am 26. Mai 1962 in der »Neuen Züricher Zeitung« veröffentlicht, bezeugt, wie er sich im hohen Alter mitunter auch im Schlaf mit Tübingen und seiner Jugendzeit beschäftigte. Darin schildert er nämlich einen Traum, der ihn in die einstige Heckenhauersche Buchhandlung vor die Bürotür seines Arbeitgebers, des Prinzipals Sonnewald, geführt habe.

»Ich trat ein und sah ihn in einem erstaunlich grossen, höchst komfortabel ausgestatteten Raume sitzen. Er hiess mich näher treten, er sass hinter einem riesigen Tisch, der voll grosser Blätter lag, neben sich hatte er eine Staffelei stehen und auf ihr eines dieser Blätter aufgestellt, es war ein Aquarell, ein wenig an die meinen erinnernd, aber weit grösseren Formats, auch gekonnter und mit tief glühenden Farben. [...] Er schien zu merken, wie erstaunt und neugierig ich war [...], wies mit grosser Gebärde erst auf den papierbedeckten Tisch, dann auf das schön leuchtende Staffeleiblatt und sagte mit einiger Feierlichkeit: ›Ich muss da ein Inselbändchen zusammenstellen.‹ Ob es hier um eine Auswahl meiner eigenen, durch Zauber verschönerten Malereien, ob um Werke eines mir unbekannten

Malers ging oder gar er selbst der Urheber dieser Werke war und wie er dazu kam, im Auftrag des Inselverlags tätig zu sein, diese Fragen blieben offen.«

Zwei Jahre zuvor hatte Hesse dem Enkel seines einstigen Lehrherren, mit dem er seit den Fünfzigerjahren mehrfach Briefe wechselte, geschrieben: »Wenn ich an Tübingen denke, sehe ich es so, wie es am Ende des vorigen Jahrhunderts war, und trotz mancher Einwände bin ich im Grunde damit zufrieden, dass ich mir Bilder jenes Tübingen, Calw, Stuttgart, Ulm etc. rein bewahrt habe. Teuer sind sie mir stets geblieben.«

Stellvertretend für manches, was Hesse mit Tübingen in seiner Biographie und in seinem Werk verband, kann eine kleine Geschichte stehen, die er selbst erlebt hat, auch wenn er sie später einem »Studenten« unterschob. Sie spiegelt die »Philosophie«, die Mentalität der Tübinger Gogen und Unterstadtbewohner wider. Sie gibt aber auch Auskunft darüber, wie sich Tübinger Bilder, Erlebnisse, Stimmungen in Hesses Gedanken- und Bilderwelt niedergelassen haben, von ihm aufgegriffen und verarbeitet wurden. Die Anekdote ist überliefert in einem Brief, den er im Dezember 1948 »als Gruß und Zunicken« vom Krankenbett aus an Rolf Schott schrieb: »In Tübingen lag einmal ein Student vor 50 Jahren im Fenster, drunten auf der Gasse in der Hitze arbeiteten schläfrig zwei Männer am Ausbessern des Steinpflasters. Einer rief dem andern zu: ›Karle‹. Der andre, nach Minuten, fragt zurück: ›Was ist?‹ Der Erste, wieder nach langer Pause, sagt: ›Ha, nix‹. So wollte auch ich nix sagen, sondern Ihnen zunicken auf der staubigen Straße, weiter nichts.«

Anhang

Daten zu Leben und Werk

1877 2. Juli: Hermann Hesse wird in Calw, Marktgasse 6, als zweites Kind von Johannes und Marie Hesse geboren.

1881 Umzug der Familie nach Basel.

1886 Rückkehr nach Calw.

1888 Eintritt ins Calwer Gymnasium.

1890/91 Vorbereitung aufs Landexamen in der Göppinger Lateinschule.

1891 15. September: Eintritt in das Seminar Maulbronn.

1892 7. März: Hesse brennt durch; anschließend in Bad Boll bei Christoph Blumhardt zur Beobachtung.
20./21 Juni: Nach einem Selbstmordversuch Einlieferung in die Nervenheilanstalt Stetten im Remstal.
November: Eintritt ins Gymnasium in Cannstatt.

1893 Oktober: Scheidet aus dem Gymnasium aus, beginnt eine Buchhändlerlehre in Esslingen, die er nach drei Tagen aufgibt, zurück zu den Eltern nach Calw.

1894 5. Juni: Beginnt als Praktikant in den Mechanischen Werkstätten von Perrot in Calw.

1895 17. Oktober: Beginn einer dreijährigen Buchhändlerlehre in Tübingen bei J. J. Heckenhauer, Buch- und Antiquariatshandlung, Inh. C. Sonnewald.

1896 Erste Gedichtveröffentlichung, in: »Das deutsche Dichterheim«, Wien.

1897 Beginn der Korrespondenz mit Helene Voigt; Freundeskreis Petit Cénacle.

1898 1. Oktober: Ende der Buchhändlerlehre, Sortimentsgehilfe bei Heckenhauer.
18. Oktober: Die Gedichtsammlung »Romantische Lieder« erscheint bei Pierson in Dresden.

1899　14. Juni: Der Prosaband »Eine Stunde hinter Mitternacht« erscheint bei Diederichs in Jena.

August: Le petit Cénacle und Lulu in Kirchheim unter Teck.

15. September: Beginn als Sortimentsgehilfe in der Reich'schen Buchhandlung in Basel.

Herbst: Der Band »Hinterlassene Schriften und Gedichte von Hermann Lauscher« erscheint.

1902　24. April: Tod der Mutter in Calw.

1904　Februar: »Peter Camenzind« erscheint beim Berliner Verleger S. Fischer, wird ein sensationeller Erfolg, macht Hesse bekannt und berühmt. Er erhält den Wiener Bauernfeldpreis. Heiratet Maria Bernoulli aus Basel. Aus dieser Ehe stammen die drei Söhne Bruno (geb. 1905), Heiner (geb. 1909) und Martin (geb. 1911).

1904–1912　In Gaienhofen am Bodensee.

1906　30. April mit Freunden in Tübingen.

Die Erzählung »Unterm Rad« erscheint.

1912–1919　In Bern.

1914　»Roßhalde«.

1916　Tod des Vaters.

1919　Übersiedlung von Bern nach Montagnola im Tessin.

1921　»Ausgewählte Gedichte«.

1922　»Siddhartha«.

1927　»Der Steppenwolf«.

1929　Lesereise nach Süddeutschland, am 5. und 6. November in Tübingen.

1930　»Narziß und Goldmund«.

1931　Eheschließung mit Ninon Doblin.

1932　»Die Morgenlandfahrt«.

1943　»Das Glasperlenspiel«.

1946　Hesse erhält den Goethepreis der Stadt Frankfurt a. M. und den Nobelpreis für Literatur.

1952　»Gesammelte Dichtungen« in sechs Bänden erscheinen beim Suhrkamp Verlag.

1955　Hesse erhält den Friedenspreis des Deutschen Buchhandels.

1962　9. August: Hermann Hesse stirbt in Montagnola, am 11. August auf dem Friedhof S. Abbondio beigesetzt.

Literatur

Die Zitate stammen aus:

Gesammelte Schriften. 7 Bände. Frankfurt a. M. 1957.

Kindheit und Jugend vor Neunzehnhundert. Hermann Hesse in Briefen und Selbstzeugnissen. 2 Bände. Hrsg. von Ninon Hesse. Fortgesetzt und erweitert von Gerhard Kirchhoff. Frankfurt a. M. 1984 und 1985.

Gesammelte Briefe. 4 Bände. In Zusammenarbeit mit Heiner Hesse herausgegeben von Ursula und Volker Michels. Frankfurt a. M. 1986.

Gesammelte Werke. 12 Bände. Frankfurt a. M. 1987.

Zitiert wurde zudem aus dem Tagebuch von Marulla Hesse im Deutschen Literaturarchiv in Marbach a. N., aus Briefen von Hermann Hesse in der Universitätsbibliothek, im Stadtarchiv und im Stadtmuseum Tübingen sowie in Privatbesitz.

Benutzt wurden unter anderem ferner:

Ball, Hugo: Hermann Hesse. Sein Leben und sein Werk. Frankfurt a. M. 1977.

Gottschalk, Günther: Dichter und ihre Handschriften: Betrachtungen zu Autographen des jungen Hesse im Marbacher Archiv. Stuttgart 1979.

Greiner, Siegfried: Hermann Hesse in Calw. Berichte, Bild- und Textdokumente und Kommentar zu Hesses Gerbersau-Erzählungen. Mit einem Geleitwort von Volker Michels. Sigmaringen 1981.

Hermann Hesse 1877–1977. Stationen seines Lebens, des Werkes und seiner Wirkung. Gedenkausstellung zum 100. Geburtstag im Schiller-Nationalmuseum. Marbach a. N. 1977.

Hermann Hesse: Personen und Schlüsselfiguren in seinem Leben. Ein alphabetisches annotiertes Namensverzeichnis mit sämtlichen Fundstellen in seinen Werken und Briefen. 2 Bände. Herausgegeben von Ursula Apel. München 1989

Hornbogen, Helmut: Tübinger Dichter-Häuser. 2. Aufl. Tübingen 2000.

Jens, Walter und Küng, Hans: Anwälte der Humanität. Thomas Mann – Hermann Hesse – Heinrich Böll. München 1989.

Michels, Volker: Hermann Hesse. Sein Leben in Bildern und Texten. Frankfurt a. M. 1979.

Michels, Volker: Hermann Hesse in Augenzeugenberichten. Frankfurt a. M. 1987.

Michels, Volker, Rathgeber, Paul und Würzbach, Eugen: Hermann Hesse
1877–1962. (Marbacher Magazin 54) 2. Aufl. Marbach a. N. 1999.

Pfeifer, Martin: Hesse-Kommentar zu sämtlichen Werken. München 1980.

Pfeifer, Martin: Julie Hellmann. Hermann Hesses Lulu. Verzaubert ein Leben lang. Kirchheim 1991.

Schnierle-Lutz, Herbert: Auf den Spuren Hermann Hesses von Calw nach
Montagnola. Stuttgart 1991.

Zeller, Bernhard: Hermann Hesse. Eine Chronik in Bildern. Frankfurt
a. M. 1960.

Zeller, Bernhard: Hermann Hesse in Selbstzeugnissen und Bilddokumen-
ten. (rowohlts monographien). Reinbek bei Hamburg 1963.

Abbildungsnachweis

Umschlag (Stocherkahn): Rainer Fieselmann;

Umschlag (Porträt), Seite 2, 26, 34, 70: Deutsches Literaturarchiv, Marbach a. N.;

Seite 21, 39, 98, 107: Stadtarchiv Tübingen;

alle anderen: Privatbesitz.

Dank

Dank darf ich sagen für mancherlei Hilfe und Unterstützung dem Deutschen Literaturarchiv in Marbach a. N., der Universitätsbibliothek, dem
Stadtarchiv und dem Stadtmuseum in Tübingen, Kerstin Laschewski-
Arnold und Cordula Ressing, die mir bei Recherchen halfen, Benigna
Schönhagen für manche Anregung, Armgard und Oda Lust, die mir groß-
zügig Bildmaterial und Autographen aus dem Nachlass ihres Großvaters
Heinrich Hermes zur Verfügung stellten, sowie Roger Sonnewald (Hek-
kenhauer), der manchen guten Rat gab und mir alle Heckenhauer-Erinne-
rungsstücke aus dem Familienbesitz anvertraute.

Wilfried Setzler